CONGRÉGATION

POUR LES INSTITUTS DE VIE CONSACRÉE

ET LES SOCIÉTÉS DE VIE APOSTOLIQUE

L'ART DE LA RECHERCHE DU VISAGE DE DIEU

*Lignes d'orientation
pour la formation des contemplatives*

« *C'est ta face Seigneur que je cherche* » (Ps 26,9)

La recherche du Visage de Dieu
traverse l'histoire de l'humanité,
appelée depuis toujours
à un dialogue d'amour avec le Créateur.

L'homme et la femme, en effet,
ont une dimension religieuse
inaliénable
qui oriente leur cœur
à la recherche de l'Absolu, vers Dieu.

Le dynamisme de la recherche atteste
que personne ne se suffit à lui-même
et impose de se mettre en chemin,
à la lumière de la foi,
pour un exode du soi autocentré,
attiré par le Visage du Dieu saint
et, en même temps,
par la « terre sacrée de l'autre »,
pour expérimenter
une communion plus profonde.

(FRANÇOIS, *Vultum Dei quaerere*, 1, 1)

L'exigence de la formation

1. La vie contemplative, enracinée dans le silence, première forme de la vie consacrée dans l'Eglise, s'accomplit dans la recherche du Visage de Dieu, dont elle est le témoin et qu'elle contemple au cœur du monde. « Les communautés cloîtrées, placées comme une ville sur la montagne et comme une lampe sur le lampadaire (cf. *Mt* 5, 14-15), même dans la simplicité de leur vie, *évoquent de manière visible le but vers lequel chemine l'ensemble de la communauté ecclésiale* qui marche sur les routes de ce temps le regard fixé sur la récapitulation future de toutes choses dans le Christ ».[1]

2. Le Pape François, avec la Constitution apostolique *Vultum Dei quaerere* montre à toute l'Eglise ce mystère ultime et confirme l'expérience de ces femmes contemplatives qui ont

---

[1] JEAN PAUL II, Ex. Ap. post-synodale *Vita consecrata,* (25 mars 1996), 59.

pour centre le Seigneur premier et unique amour (cf. *Osée* 2, 21-25). Cette expérience a engendré au cours des siècles d'abondants fruits de sainteté et de mission[2]. Dans ce regard débordant d'attention, François privilégie la formation comme un processus nécessaire pour soutenir et vivifier aujourd'hui le parcours vocationnel.[3]

3. L'exigence de la formation se place dans un ample horizon qui franchit les murs des monastères, embrasse le monde, appelle à vivre avec intelligence, cœur et pratiques de communion, et exhorte à examiner les limites et les séparations apparentes. Le Saint Père, conscient que « personne ne construit l'avenir seul, ni avec ses propres forces »,[4] appelle à éviter la « maladie de l'autoréférentialité »[5] et à garder la valeur de la communion entre différents monastères comme un chemin qui ouvre sur l'avenir, mettant à jour et actualisant de cette façon

---

[2] Cf. FRANÇOIS, Cost. Ap. *Vultum Dei quaerere,* (29 juin 2016), 5.

[3] Cf. *Idem,* Conclusion dispositive, art. 3-8.

[4] FRANÇOIS, *Lettre Apostolique* à tous les consacrés à l'occasion de l'Année de la vie consacrée, (21.11.14), II, 3.

[5] *Idem.*

les valeurs permanentes et codifiées de l'autonomie.[6] La recherche constante du Visage de
Dieu, au niveau personnel et communautaire,
rend féconde la communion qui devient ainsi le
milieu vital et génératif de la formation.

4. Les *Lignes d'orientation* présentées éta-
blissent de simples lignes pour la formation
des moniales, selon ces exigences, afin d'aider
le cheminement des contemplatives,[7] femmes
pèlerines à la recherche du vrai Dieu, « cœur
priant dans l'Eglise et pour l'Eglise »[8], avant-
poste de l'humanité et parabole du Royaume
des Cieux. Dans ce contexte, le présent *Ratio*
offre un instrument pour favoriser le développement intégral de la personne, à travers une
formation humaine et spirituelle, afin d'atteindre et de consolider la pleine maturité en

[6] Cf. *Idem*, CIC, cann. 614-615 ; 62§2-1 ; 630§3 ;
638§4 ; 684§3 ; 688§2 ; 699§2 ; 708 ; 1428§1-2

[7] Dans ce document sont utilisées indifféremment
les paroles *moniales* et *contemplatives*, de façon à respecter
les différentes sensibilités.

[8] CONGREGATION POUR LES INSTITUTS DE VIE CONSA-
CREE ET LES SOCIETES DE VIE APSOTOLIQUE, *Cor Orans*. Instruction d'application sur la vie contemplative féminine,
(1er avril 2018), Introduction.

Christ. Il s'agit de mettre en acte un processus *artisanal*[9], qui exige « un grand laps de temps »[10].

8

[9] FRANÇOIS, *La force de la vocation, la vie consacrée aujourd'hui*. Entretien avec FERNANDO PRADO, EDB 2018, p. 76.

[10] JEAN PAUL II, Ex. Ap. post-synodale *Vita consecrata,* (25 mars 1996), 68.

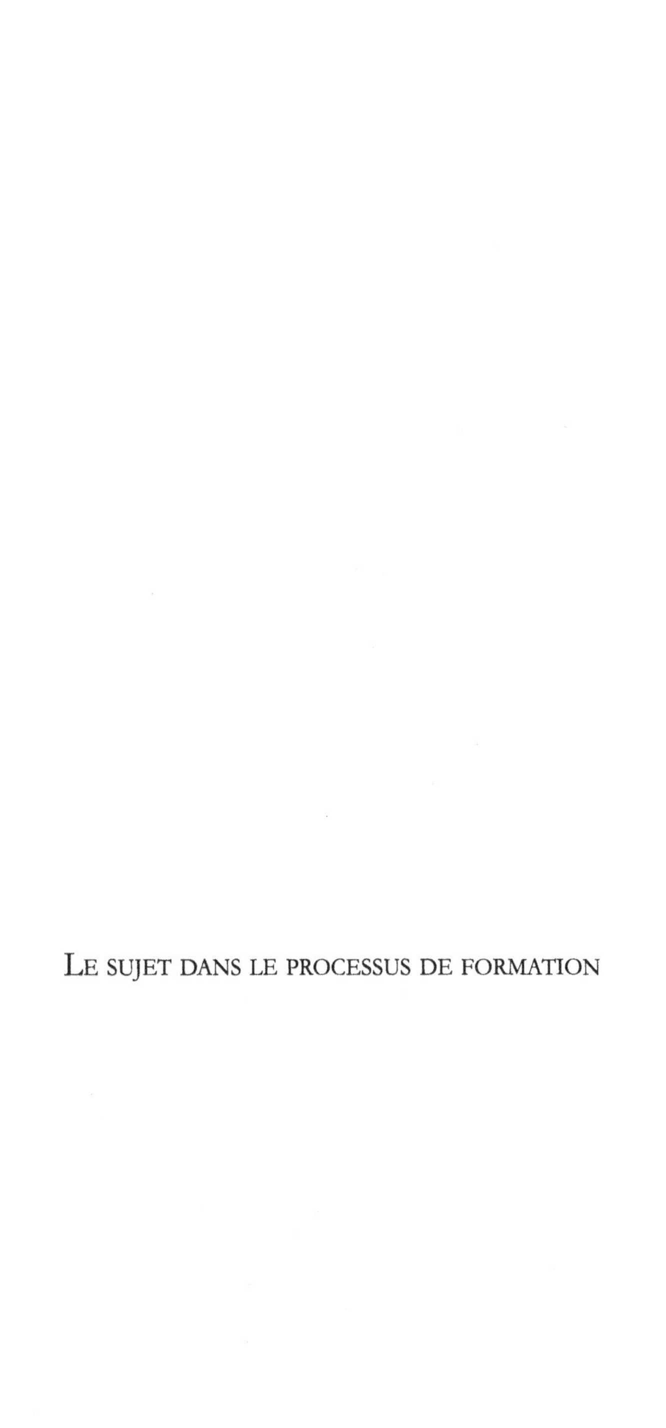

LE SUJET DANS LE PROCESSUS DE FORMATION

En devenir vital

5. Le monastère est « une école au service du Seigneur ». Le terme école ouvre la vision juste et inspirante de ces *Lignes d'orientation*, en situant le processus de formation dans un lieu permanent et stable, enraciné dans le silence avec conscience et fidélité, sans évasions dissimulées.[1]

Un tel processus de formation, qui n'est jamais terminé, est en perpétuel devenir,[2] et conduit à constituer l'homme parfait, qui réalise la plénitude du Christ (*Ep.* 4, 13). Il ne peut se réduire à la transmission de notions et à l'apprentissage d'attitudes et de comportements, mais ouvre sur un horizon large, conduisant vers

[1] Cf. Congregation pour les Instituts de vie consacree et les Societes de vie apsotolique, *Cor orans*. Instruction d'application sur la vie contemplative féminine, (1er avril 2018), 18.

[2] Cf. Jean Paul II, Ex. Ap. post synodale *Vita consecrata*, (25 mars 1996), 65.

la maturité humaine, chrétienne et monastique, sans juxtapositions ou instances parallèles.

6. Le processus de formation, dynamisme conscient et vital pour chaque personne, offre à chaque contemplative la possibilité de grandir humainement et spirituellement. La conscience, rendue vivante par l'exercice quotidien, accompagne la croissance spirituelle de façon telle que la personne puisse avancer vers la pleine conscience de son être. Bien qu'inondée par un flux continu de pensées, d'émotions, de sentiments, elle continue à laisser intact le centre de l'identité de la personne, pour qu'elle vive selon le sens de sa vocation : chercher le Visage de Dieu, vivre l'Evangile, soigner la relation avec le Seigneur, avec elle-même, avec les Sœurs, avec les femmes et les hommes de notre temps.

La présence à soi-même a un rôle irremplaçable dans la vie de la personne qui devient sujet conscient et responsable de sa propre existence. C'est seulement en étant présente à elle-même que la personne peut connaitre, croire, aimer, être reliée à la réalité et au transcendant.

Le développement de la conscience

7. La conscience n'est pas une donnée statique ni simple quant à sa structure et à sa différence, se développant dans le temps et dans les divers contextes. Le développement de la personne, son attention, son intelligence, sa raison, sa responsabilité, sa façon de vivre dans des milieux divers est un processus continu de construction et de modification de la vie consciente.

8. Chaque contemplative est le sujet premier d'un tel processus de formation qui la porte à la prise de conscience de soi et à la collaboration libre, créative et fidèle, avec les médiations de la formation propres à son état de vie. La personne, pendant qu'elle avance dans la vie monastique est appelée à la confiance, de tout son cœur, pour assumer résolument les désirs et les troubles. C'est un engagement exigeant et beau, présent depuis le début du chemin monastique, qui demande conscience et honnêteté pour toute la vie.

9. Saint Benoit au début de la *Règle* recommande « de ne rien établir qui soit trop austère et pesant », et il continue : « Si pourtant, guidé par un motif d'équité, nous allons jusqu'à imposer un peu de rigueur »,[3] gardons-nous de

---

[3] BENOIT, *Règle*, Prologue, 45-47.

fuir mais persévérons. *C'est un chemin de formation
intégrale et intégrée, un processus continu de conversion,
d'illumination et de transfiguration, par lequel l'action
de l'Esprit rend réellement enfants de Dieu (1 Jn 3,1)
et libère du joug de l'esclavage (Gal 5, 1).*

Le but n'est pas la mortification de la personne, mais la transformation en Celui qui est contemplé[4] et donc l'ouverture à l'art de vivre la donation réelle qui comporte la capacité de mourir à soi-même pour grandir dans la liberté du don de soi, dans un amour toujours plus grand qui dilate le cœur (cf. *Ps.* 119,32)[5] et l'ouvre à l'action de l'Esprit.[6]

10. L'accueil serein et courageux des transformations qui accompagnent et marquent la vie, de façon imprévue, rendent la contemplative toujours plus consciente du chemin qui

---

[4] CLAIRE, *Lettre III à la bienheureuse Agnès de Prague*, 13.

[5] Dans ce contexte le Pape FRANÇOIS met en garde la vie consacrée contre une « conception » de la vie consacrée « un peu pélagienne », qui conduit à lui enlever « un peu de sa 'fraicheur' », cf. FRANCOIS, *La force de la vocation. La vie consacrée aujourd'hui*. Entretien avec FERNANDO PRADO, 2, EDB 2018, p. 50.

[6] Cf. JEAN PAUL II, Ex. Ap. post-synodale *Vita consecrata*, (25 mars 1996), 65.

continue dans le mystère de la vocation donnée : « Le désir de celui qui s'élève s'arrête à ce qui est connu mais, au moyen d'un désir plus grand, l'âme s'élève de nouveau vers un autre désir qui dépasse le précédent et, à travers ce qui est plus élevé, poursuit le chemin vers le lumineux »,[7] assumant le Christ comme « le Tout, le Bien, tout Bien, le souverain Bien »[8].

11. Les contemplatives accueillent le défi de la formation de la conscience qui — comme le chemin de tout être humain — est de par sa nature un long parcours de perfectibilité, selon l'identité et la spécificité que la grâce rend fécondes en chaque personne. Se former c'est accueillir dans des vases d'argile (*2Cor* 4,7) le mystère trinitaire qui nous habite, selon l'exhortation de l'apôtre : « Ayez en vous les mêmes sentiments qui furent dans le Christ Jésus » (*Ph.* 2,5).

L'identité de disciple

12. Dans le processus de formation de la personne émerge l'objectif premier de la for-

---

[7] GREGOIRE DE NYSSSE, *Homélies sur le Cantique des Cantiques*, PG 44, 941 C.

[8] FRANÇOIS D'ASSISE, *Louanges de Dieu*, 3.

15

mation des contemplatives : fonder l'identité de disciples du Christ dans la vocation évangélique et charismatique spécifique, harmonisant toutes les dimensions humaines dans l'unité de l'esprit. Un tel chemin de conformité au Christ, jusqu'à *avoir les mêmes sentiments que le Christ envers le Père,*[9] en tant que processus ouvert ne se limite pas à la phase initiale de la formation, mais continue à chaque étape de la vie. Cela demande la planification personnelle inhérente à l'évolution de chaque membre qui, constamment, témoigne de l'aventure humaine et chrétienne sous la forme monastique.

13. De cette façon se crée la femme spirituelle qui vit les conseils évangéliques dans les décisions quotidiennes, dans l'harmonie et le style de vie. Ce but s'obtient à travers « l'œuvre artisanale »[10] d'auto-formation, « elle progresse en suivant l'itinéraire accompli par la Vierge Marie qui avança dans son pèlerinage de foi, gardant fidèlement l'union avec son Fils jusqu'à

---

[9] JEAN PAUL II, Ex. Ap. post-synodale *Vita consecrata,* (25 mars 1996), 65.

[10] A. SPADARO, « Réveillez le monde », *Entretiens du Pape François avec les Supérieurs Généraux,* dans *La Civiltà Cattolica* 165 (2014/1).

la Croix».[11] Il s'agit d'un processus de vie dans lequel le caractère concret vécu dans le quotidien a un rôle spécifique et incontournable, dans la logique de l'incarnation. De cette façon la femme assume peu à peu l'identité spécifique de la vie monastique dans le mystère de la sainteté de l'Eglise, devenant « signe de l'union exclusive de l'Eglise-Epouse avec son Seigneur, aimé par-dessus tout ».[12]

14. *Abba* Antoine rappelle la nécessité d'entrer et de ré-entrer continuellement dans une prise de conscience quotidienne des raisons de son choix : aujourd'hui, je recommence. C'est un processus fécond et constant qui vient chaque jour fouler, pieds nus, la terre sainte (*Ex.* 3,5) de la réalité en évitant l'endurcissement du cœur : *Aujourd'hui puissiez-vous écouter sa voix ! N'endurcissez pas votre cœur (Ps.* 95, 7-8). Sans le contact conscient et paisible avec la réalité, sans la *docibilità* et l'humble douceur du cœur, on ne peut entreprendre aucun processus de formation fiable et durable.

---

[11] JEAN PAUL II, Lettre Encyclique *Redemptoris Mater,* (25 mars 1987), 2.

[12] JEAN PAUL II, Ex. Ap. post-synodale *Vita consecrata,* (25 mars 1996), 59.

15. Toute formation authentique est exigeante et rigoureuse parce que c'est l'expérience de la totalité du don de l'amour, à partir de la parole de Jésus : *la vérité vous rendra libre (Jn. 8,32)*. Cela demande de partir de la vérité sur soi-même et sur la vie fraternelle concrètement vécue. Cette liberté qui génère l'amour permet d'adorer le Seigneur, le Christ, dans nos cœurs et de rendre compte de l'espérance qui est en nous (*1P.* 3,15), et en même temps, d'offrir une contribution générative à la vie fraternelle en communauté.

16. Ce chemin de vie est destiné à avoir un caractère progressif et à durer toute la vie, dans l'ouverture personnelle consciente et continue à la grâce, à partir de l'accompagnement vocationnel jusqu'à la préparation de la rencontre avec le Dieu de la vie, au moment suprême de la mort.

LA FORMATION A LA VIE CONTEMPLATIVE

Dimensions de la formation

17. « Venez, montons à la montagne du Seigneur et à la maison du Dieu de Jacob, et qu'Il nous enseigne ses voies » (*Is* 2,3). Attentions, intentions, volontés, pensées, affections, et tout mon intérieur, venez, montons sur la montagne, au lieu où le Seigneur voit et est vu ».[1] Si l'appel à la contemplation, à monter à la montagne du Seigneur est la vocation même de l'Eglise et c'est à elle qu'est ordonné et subordonné tout autre activité,[2] cela a un sens et une importance permanente pour la communauté monastique, communauté priante intégralement dédiée à la contemplation selon le charisme de chaque famille religieuse.

---

[1] GUILLAUME DE SAINT THIERRY, *La contemplation de Dieu*, Prologue, 1.

[2] Cf. CONCILE VATICAN II, Constitution sur la Liturgie *Sacrosanctum Concilium*, 2 ; cf. FRANÇOIS D'ASSISE, *Regola non bollata*, XXII-XXIII.

18. La vie monastique contemplative, *seque-la pressius Christi*,[3] est radicalement orientée vers la « recherche toujours inachevée de Dieu ».[4] Un tel mystère de vie exige un processus continu d'intégration et d'unification, et demande un contenu spécifique de formation.[5] Cela signifie avoir soin que dans la personne tout soit intégré de façon harmonieuse et équilibrée, conforme à la vision d'une saine et correcte anthropologie théologique,[6] vivant sans dichotomie la formation intellectuelle et émotionnelle, individuelle et communautaire, personnelle et sociale, affective et sexuelle.

19. Former à la vie contemplative demande que la personne soit accompagnée afin que le penser, l'aimer et l'agir selon l'Esprit deviennent normes de vie qui se manifestent par

---

[3] Cf. FRANÇOIS, Const. Ap. *Vultum dei quaerere*, (29 juin 2016), 1-3.

[4] Cf. *Idem*, 3.

[5] Cf. CONGREGATION POUR LES INSTITUTS DE VIE CONSACREE ET LES SOCIETES DE VIE APOSTOLIQUE, Directives sur la formation dans les instituts religieux *Potissimum Institutioni*, Rome, (2 février 1990), 72-80.

[6] Cf. *Idem*, 76, 77, 79, 80, 81.

un style évangélique profondément humain.[7] Dans l'accompagnement il faut toujours partir de la réalité concrète de chaque sœur.

20. Dans l'exercice de l'accompagnement, à part les sœurs en formation initiale, on prête une attention particulière aux sœurs qui sont dans les premières années de la profession solennelle et aux sœurs en difficulté, recourant quand c'est convenable et nécessaire, à l'action conjointe de l'accompagnement spirituel et psychologique.

21. L'accompagnement exige un climat de confiance et de familiarité, de telle façon que la personne qui accompagne puisse comme une « mère » arriver à « aimer et nourrir » la sœur accompagnée,[8] se montrant toujours une compagne de route à l'écoute, accueillant la sœur accompagnée dans sa réalité, et encourageant les attitudes positives qu'elle a.

22. Dans ce climat, celle qui est accompagnée pourra ouvrir son cœur à la sœur ou au

---

[7] Cf. FRANÇOIS, *La force de la vocation, La vie consacrée aujourd'hui*. Entretien avec FERNANDO PRADO, 2, EDB, 2018, 76-77.

[8] Cf. FRANÇOIS D'ASSISE, *Regola bollata*, 6,7.

frère *'aîné'* que le Seigneur met à côté d'elle pour partager le chemin de sequela du Christ qu'elle est en train de faire, la joie de sa vocation, et qu'elle puisse en même temps, « en toute confiance, lui faire connaitre ses besoins ».[9]

23. Que celle qui accompagne soit consciente que son ministère est un service pour soutenir la croissance vers la maturité humaine et vocationnelle. Qu'elle soit respectueuse et sensible au mystère de la personne de la sœur. Qu'elle soit dotée d'une préparation adéquate, spirituelle et pédagogique pour remplir cette tâche. Qu'elle est fait elle-même l'expérience d'être accompagnée et transmette surtout par la vie, sa joie d'appartenir à Dieu à travers un charisme particulier.

24. De son côté, la sœur accompagnée aura présent à l'esprit que l'accompagnement est un chemin d'expropriation et de restitution, et pour cela elle doit prendre conscience de sa propre faiblesse et fragilité. La découverte de soi, comme un être qui a besoin de salut, de pardon et de lumière, constitue le point de départ d'un authentique processus de formation.

[9] FRANÇOIS D'ASSISE, *Regola bollata*, 6, 7.

24

De l'humain intégral

25. La formation, pour être efficace, doit rejoindre la personne dans son humanité la plus vraie, lui faisant connaitre la vérité sur elle-même, ses dons et ses limites. Ainsi elle atteindra la liberté intérieure nécessaire pour vivre la consécration avec cohérence et honnêteté, sérénité et joie, générosité et charité,[10] tant à l'intérieur de la communauté que dans ses rapports avec le monde extérieur. Il n'y a pas de croissance dans la formation si la vocation ne se traduit pas dans la vie, si le projet de Dieu ne se réalise pas dans la personne.

26. Le chemin de la connaissance de soi est particulièrement précieux dans la formation à l'engagement ascétique, élément essentiel de la vie contemplative, fruit et « exigence de réponse au premier et unique amour ».[11] Cela aide à faire fleurir en plénitude l'humanité de chaque contemplative, évitant le risque de l'étouffer dans une dynamique immature et autocentrée ou excessivement sacralisée et désuète. Le pre-

[10] Jean Paul II, Ex. Ap. post-synodale *Vita consecrata,* (25 mars 1996), 71.

[11] François, Const. Ap. *Vultum Dei quaerere,* (29 juin 2016), 35.

mier pas est indubitablement anthropologique, et demande que chaque personne s'accueille comme un être historique et assume ses limites et ses blessures.

27. La contemplative, comme toutes les consacrées, a besoin d'une accompagnatrice qui la soutienne sur ce chemin de réconciliation avec elle-même, « et porte une grande attention à la maturité humaine et affective ».[12] Dans ce contexte il est fondamental que la sœur en formation, permanente ou initiale, prenne conscience d'elle-même, de son propre corps, de sa féminité, de son affectivité en l'orientant toujours dans le sens de la recherche de la vocation.

28. Parce que l'humanité de la personne se forge dans la relation, l'action de la formation devra faire particulièrement attention à trois niveaux de la relation :

— avec elle-même :

* encourageant une relecture de sa propre histoire, et la réconciliation avec son passé qui la rende libre pour continuer à découvrir dans les événements actuels l'œuvre de Dieu en elle ;

---

[12] FRANÇOIS, *La force de la vocation, La vie consacrée aujourd'hui.* Entretien avec FERNANDO PRADO, 2, EDB, 2018, 82.

* acquérant un équilibre toujours plus stable
  en tenant compte des rythmes de la vie quotidienne, apprenant à lire dans les petits et
  les grands événements de la vie de chaque
  jour la présence continue de Dieu « qui fait
  toutes choses nouvelles » (*Ap*. 21,5) ;
* acquérant une juste estime de soi, de sa
  propre intériorité et de son propre corps,
  harmonisant et unifiant à la vocation choi-
  sie les ressource de sa féminité ;
* dépassant définitivement toute forme de
  dépendance, que ce soit des moyens de
  communication sociale, ou du style de
  vie précédent, assimilant les habitudes et
  coutumes de la communauté.

   — avec les sœurs et avec les autres :
* découvrant le goût pour la vie fraternelle
  en communauté, vécue selon le charisme
  propre, développant et consolidant le sens
  d'appartenance à cette communauté ;
* vivant la gratuité et le don de soi dans les
  relations, accueillant les autres comme un
  don de Dieu ;
* cultivant les qualités humaines fondamen-
  tales pour vivre la relation ;
* acquérant un sens critique constructif à
  partir d'une logique fondée sur la foi ;

* développant la capacité de communiquer,
harmonisant parole et silence, et affrontant
adéquatement les conflits ;
* étant sensible à la forme de pauvreté et de
marginalisation du monde d'aujourd'hui et, à
travers la contemplation de la prédilection de
Jésus pour les pauvres, se former à la solidarité avec eux en offrant sa prière et les gestes
de charité que le Seigneur peut suggérer.
— avec la création :
* acquérant un usage sobre et respectueux
des choses, qui lui permette de sortir de la
mentalité consumériste : 'utiliser et jeter' ;
* apprenant à tirer de la nature des motifs de
contemplation et de louange, et à avoir avec
elle une saine relation qui soit source d'équilibre psycho-physique, redécouvrant la beauté de la création sortie parfaite des mains de
Dieu et la respectant à chaque instant ;
* expérimentant le travail comme une grâce
qui insère chaque sœur dans le mystère de la
participation à l'œuvre créatrice de Dieu et
lui permette de partager la peine des pauvres.

29. La connaissance de soi, finalisée par le
don sincère de soi et de sa vie,[13] dans les com-

---

[13] Cf. JEAN PAUL II, Lettre Ap. *Mulieris dignitatem*, (15
août 1988), 7.

portements et les intentions,[14] se développe dans la spiritualité de la communion,[15] se met en œuvre dans le travail, dans le contexte d'un monastère dans lequel le concret et la qualité évangélique des relations sont des sources de fécondité. Dans cette humanité[16] s'inscrit la conscience du baptême par lequel tout croyant est immergé dans le mystère du Christ, dans un dynamisme renouvelé de conversion, fruit de la docilité à l'œuvre de l'Esprit.

30. Le monastère, identifié depuis toujours comme un « atelier »[17] d'apprentissage pratique de la pureté du cœur et de la vie, « école du service divin »,[18] et école de la charité, devient

---

[14] Cf. JEAN PAUL II, Ex. Ap. post-synodale *Vita consecrata*, (25 mars 1996), 65.

[15] Cf. CONGREGATION POUR LES INSTITUTS DE VIE APOSTOLIQUE ET LES SOCIETES DE VIE APOSTOLIQUE, Instructions, *Repartir du Christ. Un engagement renouvelé de la vie consacrée dans le Troisième Millénaire*, (19.05.02), 28 ; JEAN PAUL II, Lettre Ap. *Au début du Nouveau Millénaire*, (6. 06.01), 43.

[16] JEAN PAUL II, *Discours* aux participants à l'assemblée générale de la Congrégation pour les Instituts de vie consacrée et les Sociétés de vie apostolique, Rome, (20.11.92).

[17] BENOIT, *Règle*, 4, 78.

[18] *Idem*, Prologue 45.

un lieu de formation continue de conversion et d'ascèse.[19] La maturité intérieure passe à travers la lutte intérieure (cf. *Eph.* 6,10-20)), l'exercice du discernement (cf. *Ph.* 2,5-11 ; *1 Cor* 2,15 ; 12,10), l'expérience de la Croix et l'acquisition de la sagesse du mystère pascal.[20]

31. Le caractère de la consécration monastique comporte une recherche constante et une croissance continue pour éviter toute sclérose spirituelle. Durant tout ce processus on soigne avec une attention particulière la croissance harmonieuse de la dimension spirituelle et de la dimension humaine, qui « comporte une attention à l'anthropologie spécifique des différentes cultures et à la sensibilité propre des nouvelles générations en se référant particulièrement aux nouveaux contextes de vie ».[21] Dans la dynamique de formation il peut être néces-

---

[19] Cf. CONGREGATION POUR LES INSTITUTS DE VIE CONSACREE ET LES SOCIETES DE VIE APOSTOLIQUE, Directives sur la formation dans les instituts religieux *Potissimum Institutioni*, Rome, (2 février 1990), 36-38.

[20] Cf. *Idem* 36-38, JEAN PAUL II, Ex. Ap. post-synodale *Vita consecrata*, (25 mars 1996), 38.

[21] CONGREGATION POUR LES INSTITUTS DE VIE CONSACREE ET LES SOCIETES DE VIE APOSTOLIQUE, *A vin nouveau, outres neuves*, depuis le Concile Vatican II la vie consacrée

saire d'avoir recours, lorsque l'on y voit une réelle nécessité, à l'aide d'experts en sciences humaines. Ce moyen ne doit pas remplacer le discernement spécifique de la vie monastique avec l'accompagnement personnel des formatrices et le dialogue cordial avec celle qui détient l'autorité.

Dans l'Esprit

32. La formation monastique est une œuvre essentiellement théologique dans sa source, enracinée dans l'Esprit-Saint dans sa finalité. Elle propose un itinéraire vers la communion avec le Dieu Un et Trine, tandis qu'elle appelle à l'engagement premier de la louange de Dieu vécue en plénitude.[22]

33. L'Opus Dei et l'Eucharistie sont *fons et culmen* de la vie de l'Eglise et de la vie contemplative.[23] La liturgie possède la caractéristique

et les défis encore ouverts. Orientations, (6 janvier 2017), 14.

[22] Cf. CONGREGATION POUR LES INSTITUTS DE VIE CONSACREE ET LES SOCIETES DE VIE APOSTOLIQUE, Directives sur la formation dans les instituts religieux *Potissimum Institutioni*, Rome, (2 février 1990), 77.

[23] Cf. FRANÇOIS, Const. Ap. *Vultum Dei quaerere*, (29 juin 2016), I, 22-23.

« d'être à la fois humaine et divine, visible et riche de réalités invisibles, fervente dans l'action et adonnée à la contemplation, présente dans le monde et cependant en chemin. Mais de telle sorte qu'en elle ce qui est humain est ordonné et soumis au divin ; ce qui est visible à l'invisible ; ce qui relève de l'action à la contemplation ; et ce qui est présent à la cité future que nous recherchons ».[24] La liturgie quotidienne est préparée et célébrée avec soin, évitant le danger de l'accoutumance et de la monotonie.[25]

34. «Les contemplatifs et les contemplatives par leur vie de prière, d'écoute et de méditation de la Parole de Dieu, nous rappellent que l'homme ne vit pas seulement de pain mais de toute parole qui sort de la bouche de Dieu (cf. *Mt* 4,4).[26] La lecture priante de la Parole renouvelle constamment la rencontre avec Dieu.[27] Les moines se préparent à la *lectio divina* par

---

[24] CONCILE VATICAN II, Constitution sur la Sainte Liturgie *Sacrosanctum Concilium*, 2.

[25] Cf. FRANÇOIS, Const. Ap. *Vultum quaerere*, (29 juin 2016), I, 16.

[26] BENOIT XVI, Ex. Ap. post-synodale *Verbum Domini*, (30 septembre 2010), 83.

[27] Cf. FRANÇOIS, Const. Ap. *Vultum Dei quaerere*, (29 juin 2016), I, 19-21.

une formation biblique adéquate. Dans l'exercice quotidien[28] ils développent leur capacité de compréhension et d'intelligence des Ecritures (cf. *Lc* 24,27).

L'Ecriture devient source de connaissance du mystère du Christ et du mystère de l'homme. Ce que dit saint Jérôme et que le Concile Vatican II a repris conserve toute sa force : « L'ignorance des Ecritures c'est l'ignorance du Christ ».[29]

35. La *lectio divina* n'est pas une pratique de dévotion à côté d'autres formes de prière personnelle, mais elle est la condition *sine qua non* de la vie contemplative : « Consacre-toi à la *lectio* des divines Ecritures. Applique-toi à cela avec persévérance. Engage-toi dans la *lectio* avec l'intention de croire et de plaire à Dieu. Si durant la *lectio* tu te trouves devant une porte close, frappe et le gardien t'ouvrira, lui dont Jésus a dit : 'Le gardien lui ouvrira'. Applique-toi à la *lectio di-*

---

[28] Cf. *Idem*, 19-20, CONGREGATION POUR LES INSTITUTS DE VIE CONSACREE ET LES SOCIETES DE VIE APOSTOLIQUE, Directives sur la formation dans les instituts religieux *Potissimum Institutioni*, Rome, (2 février 1990), 76.

[29] Cf. CONCILE VATICAN II, Constitution dogmatique sur la divine révélation *Dei Verbum*, 25.

vina, cherche loyalement et avec une confiance incroyable en Dieu le sens des Ecritures divines, qui en elle se cache avec une grande ampleur. Tu ne dois pas de contenter de frapper et de chercher : pour comprendre les choses de Dieu l'*oratio* t'est absolument nécessaire. C'est justement pour t'exhorter à cela que le Sauveur nous a dit non seulement 'cherchez et vous trouverez ', et 'frappez et il vous sera ouvert', mais il a ajouté 'demandez et vous recevrez' ».[30]

36. Dans la prière personnelle chaque moniale apprend à être avec le Seigneur (cf. *Mc* 3, 13 ; *Psaume* 37), elle goûte la grâce du silence et de la solitude habitée par la Divine Présence (cf. *Os.* 2,16-17), tisse avec le Seigneur Jésus un rapport unique et original, alimentant le sens et la joie de sa consécration.[31]

Le processus tout entier s'enracine dans la solitude et le silence.[32] « La vie intérieure exige

[30] ORIGENE, *Lettre à Grégoire*, 3 ; *PG* 11, 92.

[31] Cf. FRANÇOIS, *Lettre Apostolique* à tous les consacrés à l'occasion de l'Année de la vie consacrée, (21 novembre 2014), II, 1.

[32] CONGREGATION POUR LES INSTITUTS DE VIE CONSACREE ET LES SOCIETES DE VIE APOSTOLIQUE, Directives sur la formation dans les instituts religieux *Potissimum Institutioni*, Rome, (2 février 1990), 38. Cf. FRANÇOIS, Const. Ap. *Vultum Dei quaerere*, (29 juin 2016), I, 33.

l'ascèse du temps et du corps, a besoin du silence comme d'une dimension où demeurer ; invoque la solitude comme moment essentiel de purification et d'intégration personnelle ; appelle à la prière cachée, pour rencontrer le Seigneur qui habite dans le secret et faire de son cœur une cellule intérieure (cf. *Mt* 6,6), un lieu très personnel et inviolable où adorer : *Qu'il entre dans son jardin mon bien-aimé, qu'il mange les fruits délicieux (Ct. 4,16)* ».[33]

37. Silence et solitude, lieux de rencontre avec Dieu, fruits d'un exercice ascétique de l'humain, deviennent annonce prophétique. Temps de plus grande solitude et de retrait du rythme quotidien qui servent à renouveler les raisons et la joie de la vie contemplative et à confirmer la prophétie, début d'un chemin d'intériorité qui porte à la contemplation du Visage de Dieu.

Convoquées en communauté

38. « La communauté religieuse s'est sentie en continuité avec le groupe de ceux qui suivaient Jésus. Il les avait appelés personnellement,

---

[33] CONGREGATION POUR LES INSTITUTS DE VIE CONSACREE ET LES SOCIETES DE VIE APOSTOLIQUE, *Contemplez. Aux consacrés et aux consacrées sur les traces de la beauté*, LEV, Cité du Vatican, 2015, 38.

un à un, pour vivre en communion avec lui et avec les autres disciples, pour partager sa vie et son destin (cf. *Mc* 3,13-15), et être ainsi signe de la vie et de la communion inaugurées par Lui ».[34]

Avec une telle vision, l'expérience de vie de sœurs à l'intérieur du monastère est un lieu de formation de l'esprit, espace privilégié de communion avec le Christ, expression de l'Eglise : « Les premières communautés monastiques ont regardé la communauté des disciples qui suivaient le Christ et celle de Jérusalem, comme leur idéal de vie. A l'image de l'Eglise naissante n'ayant qu'un cœur et une âme, les moines se réunissant autour d'un guide spirituel, l'abbé, se sont proposés de vivre la communion radicale des biens matériels et spirituels et l'unité instaurée par le Christ. Celle-ci trouve son prototype et son dynamisme unifiant dans la vie d'unité des Personnes de la Sainte Trinité ».[35]

39. La richesse des relations entre sœurs « à l'intérieur d'une atmosphère de silence

---

[34] CONGREGATION POUR LES INSTITUTS DE VIE CONSACREE ET LES SOCIETE DE VIE APOSTOLIQUE, La vie fraternelle en communauté, « *Congregavit nos in unum Christi amor* », (2 février 1994), 10.

[35] *Idem.*

protégé par la clôture quotidienne »[36], accompagne la moniale dans *la vocation de sœur universelle en Christ*, avec la tendresse de « Jésus notre mère »[37] selon l'intuition de Juliana de Norwich. « Le témoignage offert par les contemplatifs et contemplatives est particulièrement significatif. Chez eux la vie fraternelle prend des dimensions vastes et profondes, qui dérivent de l'exigence fondamentale de cette vocation spéciale, c'est-à-dire la recherche de Dieu seul dans le silence et la prière. Leur attention prolongée à Dieu rend particulièrement délicate et respectueuse leur attention aux autres membres de la communauté, et la contemplation devient une force libératrice de toute forme d'égoïsme. La vie fraternelle menée en commun dans un monastère, est appelée à être un signe vivant du mystère de l'Eglise. Plus grand est le mystère de grâce, plus riche est le fruit du salut ».[38]

[36] FRANÇOIS, Const. Ap. *Vultum Dei quaerere*, (29 juin 2016), 13.

[37] Cf. GIULIANA DE NORWICH, *Livre des Révélations*.

[38] CONGREGATION POUR LES INSTITUTS DE VIE CONSACREE ET LES SOCIETES DE VIE APOSTOLIQUE, La vie fraternelle en communauté, « *Congregavit nos in unum Christi amor* », (2 février 1994), 10.

40. *Il est indispensable* de former une communauté de sœurs qui ont en commun non seulement le toit, la liturgie et le travail, mais le partage de la vie : l'expérience d'une authentique humanité, la vie de foi et de prière, le vécu évangélique, la solidarité exemplaire (cf. *Mt* 5, 43-48 ; *Jn* 13,34) ; l'aide fraternelle jusqu'aux extrêmes conséquences du service de l'amour (*Jn* 15,13) ; la communication personnelle et profonde ; le dialogue enrichissant ; la relation amicale ; le projet commun partagé qui exige le partage des choix, l'évaluation des parcours et la correction fraternelle afin que les moyens soient toujours en adéquation avec le but poursuivi ensemble. Ce partage accueillant s'ouvre selon le charisme monastique propre, sur l'hospitalité et le service des pauvres. Pour arriver à cela il faut passer de la vie commune à la communion de vie, de la simple communauté à la vie fraternelle en communauté.

Dans la fécondité de la culture

41. La culture, valeur que la tradition monastique a toujours gardée, devient facteur de formation nécessaire à l'humain, à la vie spirituelle et fraternelle.[39] Parmi les *quatre piliers*

---

[39] Cf. Congregation pour les Instituts de vie consacree et les Societes de vie apostolique, Direc-

sur lesquels doit reposer la formation, et qui se complètent, dans la pensée du pape François, se trouve la « vie d'étude »,[40] parce que comme il le rappelle « la grâce suppose la culture et le don de Dieu s'incarne dans la culture de la personne qui la reçoit ».[41]

Chaque communauté établit un moment à consacrer à la lecture et à l'étude personnelle, s'appuyant sur une « bibliothèque constamment mise à jour »,[42] et une documentation qu'il est possible de consulter à travers l'informatique. Si nécessaire on aura recours à l'aide de personnes extérieures à la communauté,[43] experts ou sœurs d'autres monastères.

42. La formation doit prévoir une information saine et équilibrée qui ouvre à la véritable

---

tive sur la formation dans les Instituts religieux *Potissimum Institutioni,* (2 février 1990), 75.

[40] FRANÇOIS, La force de la vocation, La vie consacrée aujourd'hui, Entretien avec FERNANDO PRADO, 2, EDB, 79.

[41] FRANÇOIS, Ex. Ap. *Evangelii gaudium,* (24 novembre 2013), 115.

[42] CONGREGATION POUR LES INSTITUTS DE VIE CONSACREE ET LES SOCIETES DE VIE APOSTOLIQUE, Directives sur la formation dans les instituts religieux, *Potissimum Institutioni,* Rome, (2 février 1990), 84.

[43] Cf. *Idem,* 82.

humanité, spécialement à celle qui souffre. La contemplative est appelée à habiter l'histoire en cultivant un regard intérieur. Si l'on peut bénéficier de la presse et des moyens de communication digitale, les utiliser avec « un prudent discernement afin qu'ils soient au service de la formation à la vie contemplative »[44] et ne détournent pas de la vie cachée en Dieu avec le Christ (cf. *Col* 3,3). L'information n'est pas suffisante, il faut aussi lire l'histoire avec l'intelligence du cœur ; « *Les joies et les espoirs, les tristesses et les angoisses des hommes de ce temps* »[45] seront assumés avec la sagesse qui vient d'en haut et avec compassion.

Dans la dignité du travail

43. Dans la formation à la vie contemplative on aura soin de l'éducation au travail, manuel et intellectuel : soit un service quotidien nécessaire à la vie du monastère, soit un engagement ou une collaboration dans les travaux que la communauté effectue pour sa propre subsistance. De cette façon chaque sœur gran-

---

[44] FRANÇOIS, Cons. Ap. *Vultum Dei quaerere,* (29 juin 2016), 34.

[45] CONCILE VATICAN II, Constitution pastorale sur l'Eglise dans le monde contemporain *Gaudium et spes*, 1.

dit dans l'esprit de service, et l'engagement dans la coresponsabilité quotidienne.[46]

44. Le travail aide à équilibrer les divers aspects de la vie, élément de solidarité avec tous les hommes, surtout les pauvres, se souvenant de la parole de saint Benoit : « ils sont véritablement moines, vivant du travail de leurs mains ».[47] Le sens évangélique, la compétence, l'engagement fidèle, la liberté intérieure sont présents dans la vision correcte et la valorisation du travail. Celui-ci ne doit pas devenir une tentation de pouvoir et une reconnaissance d'identité personnelle, mais être perçu « avec fidélité et dévotion » sans éteindre « l'esprit de prière et de dévotion dont les valeurs temporelles ne doivent être que les servantes », comme le dit le Poverello d'Assise.[48]

Dans la mission de l'Eglise selon le charisme

45. La fidélité à l'Esprit qui conduit chaque charisme à la fécondité[49] assure le service spé-

---

[46] Cf. François, Const. Ap. *Vultum Dei quaerere,* (29 juin 2016), 32 .

[47] Benoit, *Règle,* 48, 8.

[48] François d'Assise, *Regola bollata*, V, 2-3 ; Cf. *lettre à Saint Antoine*, 2.

[49] Pour assurer une telle fécondité, le charisme de fondation, comme le reconnait le pape Francois, a besoin

cifique de la vie contemplative dans l'Eglise et dans le monde, la confirmant comme « un signe éloquent de communion, une demeure accueillante pour ceux qui cherchent Dieu et les réalités spirituelles, des écoles de la foi et de vrais centres d'études, de dialogue et de culture pour l'édification de la vie ecclésiale et de la cité terrestre elle-même, dans l'attente de la cité céleste ».[50]

46. La fidélité au charisme demande de se former continuellement à la saine ecclésiologie de communion, voulue par le Concile Vatican II. L'approfondissement de sa propre tradition charismatique est replacé et interprété dans le *sentire cum Ecclesia,* en syntonie avec le *sensus fidelium* et le discernement intelligent des signes des temps. Une telle formation se fait à travers

d'être purifié, se référant à «ce qu'il y a de plus authentique dans ces charismes fondateurs, pour voir comment aujourd'hui ils s'expriment ou devraient s'exprimer [...] N'en faisons pas des pièces de musée [...] L'aujourd'hui c'est le présent et c'est là que nous devons répondre en fonction de notre charisme [...] La vie consacrée est comme l'eau : stagnante, elle pourrit ». FRANÇOIS, *La force de la vocation. La vie consacrée aujourd'hui.* Entretien avec FERNANDO PRADO, 2, EBD, 2018, 43-44. 46.

[50] JEAN PAUL II, Ex. Ap. post-synodale *Vita consecrata,* (25 mars 1996), 6.

l'étude du Magistère de l'Eglise, et de la littérature formative et juridique élaborée par l'Ordre d'appartenance ou la Fédération monastique.

47. Dans cette vision d'Eglise tous les aspects de la formation seront déclinés selon l'intuition originelle de l'Institut.[51] Le processus de formation accompagne la personne et fait mûrir en elle une synthèse vitale du charisme afin qu'elle en vive l'esprit dans un discernement en accord avec la communauté monastique, selon l'aujourd'hui de l'Eglise et du monde.

A ce sujet, dans l'accompagnement vocationnel, à partir de la formation initiale, on cultive un sens sincère d'appartenance ecclésiale : «… le chemin de la vie consacrée est le chemin de l'insertion ecclésiale […] Il s'agit d'une insertion ecclésiale avec des critères ecclésiaux, avec une vie spirituelle ecclésiale […] On ne saurait rien dire d'autre ».[52]

48. Le patrimoine charismatique c o n n a i t un double dynamisme : la transmission fidèle de la part des moines les plus anciens, et l'ac-

---

[51] Cf. *Idem*, 71.

[52] FRANÇOIS, *La force de la vocation. La vie consacrée aujourd'hui*. Entretien avec FERNANDO PRADO, 2, EDB, 2018, 42.

cueil fécond des plus jeunes. Valoriser l'expérience de vie présente dans la communauté et en interpréter les moyens et les pratiques, les traduisant dans le langage et la symbolique des générations plus jeunes, est un processus nécessaire et profitable.

49. Chaque monastère, grâce à son autonomie, développe une histoire particulière et spirituelle, liée au contexte dans lequel il est inséré. Il sera opportun que chaque famille charismatique se souvienne de son histoire et de sa vocation spécifique, en faisant attention, par contre, à *ne pas faire de l'archéologie.*[53]

Dans la vision œcuménique

50. L'Eglise invite la vie monastique à avoir une sensibilité particulière pour l'œcuménisme avec une vision de formation sous le signe de l'unification, de la communion ecclésiale, de la compassion : « Je confie particulièrement aux monastères de vie contemplative l'œcuménisme spirituel de la prière, de la conversion du cœur et de la charité. À cette fin, j'encourage leur

---

[53] FRANÇOIS, *Lettre apostolique* à tous les consacrés à l'occasion de l'Année de la vie consacrée, (21 novembre 2014), I, 1.

présence là où vivent des communautés chrétiennes de différentes confessions, afin que leur totale consécration à l'*unique nécessaire* (cf. *Lc* 10, 42), au culte de Dieu et à l'intercession pour le salut du monde, avec leur témoignage de vie évangélique selon leurs charismes propres, soit pour tous une incitation à vivre, à l'image de la Trinité, l'unité voulue et demandée au Père par Jésus pour tous ses disciples ».[54]

Environnement et acteurs de la formation

51. L'obéissance de la foi, la *lectio divina*, l'effort intellectuel et l'étude, la liturgie, l'ascèse, la *communitas,* le sérieux du travail, enracinés dans le silence fécond, créent et alimentent un climat propice à la formation grâce auquel on apprend l'art spirituel de la recherche du Visage de Dieu.[55] Des graines de vie se mettent en place, capables de germer dans l'amour pour la contemplation de la Vérité.

Cette expérience vécue à l'intérieur des murs de la clôture, apparemment hors du monde, devient lieu de partage prophétique : « vous êtes

---

[54] JEAN PAUL II, Ex. Ap. post-synodale *Vita consecrata,* (25 mars 1996), 101.

[55] Cf. BENOIT, *Regola,* IV, 75.

la voix de l'Eglise qui sans trêve, loue, remercie, gémit et supplie pour toute l'humanité ».[56]

52. Les agents de la formation continue et initiale de la vie monastique sont : la sœur elle-même, la communauté, la Supérieure majeure du monastère, les formatrices, la présidente fédérale, et les experts éventuels.[57]

53. Tous sont appelés à œuvrer, dans leur propre domaine de compétence, en bonne intelligence et totale collaboration, en syntonie avec l'enseignement du Magistère de l'Eglise, dans l'attention à la culture contemporaine et à la vocation spécifique à la vie contemplative, afin que le *corpus* monastique vive un processus de formation permanent et fécond.

54. Tous en outre veilleront particulièrement au discernement des candidates de façon

---

[56] FRANÇOIS, Const. Ap. *Vultum Dei quaerere*, (29 juin 2016), 9.

[57] Cf. CONGREGATION POUR LES INSTITUTS DE VIE CONSACREE ET LES SOCIETES DE VIE APOSTOLIQUE, *Cor orans*. Instruction d'application sur la vie contemplative féminine, (2018), 237-241.

qu'elles « soient psychologiquement et affectivement saines ».[58]

La sœur

55. Chaque sœur en formation, initiale ou permanente, première responsable de sa formation sous l'action de l'Esprit, assume avec une grande responsabilité le devoir qui lui incombe en tant que protagoniste du projet de croissance et de conversion qui engage toute sa vie.[59]

56. Sur ce chemin chaque sœur se montre disponible pour se laisser accompagner par la médiation que le Seigneur, à travers la communauté, met à sa disposition et à partager avec

---

[58] FRANÇOIS, *La force de la vocation. La vie consacrée aujourd'hui*. Entretien avec FERNANDO PRADO, 2, EDB, 2018. Le Pape insiste sur la nécessité de « porter une grande attention à la formation de la maturité humaine et affective », et il ajoute « nous devons discerner avec sérieux et prendre en compte la voix de l'expérience que l'Église elle-même a », 82. Et le Pape conclut : « Quand on ne veille pas bien au discernement dans tout cela les problèmes grandissent », 83.

[59] Cf. CONGREGATION POUR LES INSTITUTS DE VIE CONSACREE ET LES SOCIETES DE VIE APOSTOLIQUE, *Cor Orans*. Instruction d'application sur la vie contemplative féminine, (2018), 227.

elle ses joies, espérances et préoccupations, montrant de cette façon une grande disponibilité pour découvrir son moi, se libérer de ce moi et devenir une femmes neuve, au cœur libre.

La formatrice

57. Les sœurs auxquelles a été confiée une responsabilité spécifique dans la formation, assument cette tâche dans un esprit de joyeux service à leurs sœurs. Celles-ci manifestent la joie de leur vocation contemplative et s'engagent dans leur propre formation.

58. Les formatrices ont une connaissance expérimentale de Dieu à travers la prière, une sagesse qui vient de l'écoute, prolongée par la Parole de Dieu, et un grand amour pour les réalités spirituelles de leur charisme, de façon à pouvoir accompagner les autres dans ce processus.[60]

59. Les formatrices ont clairement conscience d'être seulement des médiatrices entre Dieu, l'unique vrai formateur, et les sœurs en formation, premières responsables de leur

---

[60] Cf. JEAN PAUL II, Ex. Ap. post-synodale *Vita consecrata,* (25 mars 1996), 71.

cheminement. Qu'elles évitent tout type de dépendance et aident les sœurs à se connaitre elles-mêmes avec leurs possibilités et leurs limites, à faire le passage de la sincérité à la vérité, et à résoudre adéquatement leurs difficultés. Dans ce service, la formatrice se souvient que sa mission est de les soutenir et de les aider « dans la mesure de ce qu'elles peuvent tolérer ».[61] Il s'agit de « former les jeunes sans bousculer leurs limites ».[62]

60. Les formatrices, ayant un rôle spécial dans l'accompagnement des candidates et dans le discernement de l'authenticité de l'appel de Dieu à la vie contemplative et, comme missionnaire, celui de transmettre aux personnes qui leur sont confiées « la beauté de la *sequela Christi* et la valeur du charisme par lequel elle se réalise »,[63] non seulement seront transparentes et cohérentes dans leur propre vie, mais doivent avoir les attitudes suivantes :

---

[61] FRANÇOIS, *La force de la vocation. La vie consacrée aujourd'hui.* Entretien avec FERNANDO PRADO, 2, EDB, 2018, 81.

[62] *Idem*, 81.

[63] JEAN PAUL II, Ex. Ap. post-synodale *Vita consecrata,* (25 mars 1996), 66.

- capacité d'écoute, de dialogue et de don d'elles-mêmes aux autres ;
- connaissance sereine et objective d'elles-mêmes, de leurs limites et possibilités ;
- stabilité émotive, capables de dépasser les frustrations et d'exprimer avec une certaine sécurité leurs propres sentiments et leurs propres convictions ;
- qualités de discernement, d'équilibre, de sérénité, de patience, de compréhension, d'esprit de joie, et une véritable affection pour les sœurs qui leur sont confiées.[64]

61. Ce que l'on demande à une formatrice exige un discernement approfondi dans le choix, et un soin particulier dans sa formation : « il faut garder continuellement à l'esprit le fait que la formation ne peut s'improviser mais qu'elle exige une préparation longue et continuelle. Sans une solide formation des formateurs, il ne serait pas possible d'avoir un

---

[64] Cf. FRANÇOIS, *La force de la vocation. La vie consacrée aujourd'hui.* Entretien avec FERNANDO PRADO, 2, EDB, 2018, 77ss.

accompagnement réel et prometteur des plus jeunes ».[65]

62. Les formatrices disposent de leur temps pour donner la première place à leur service. Les autres activités doivent être compatibles avec cette tâche principale. De plus on doit toujours se rappeler que l'entretien personnel « est une pratique efficace, confirmée et irremplaçable »[66] et est le principal instrument à l'intérieur de la dynamique propre de la formation personnalisée et a comme base la confiance réciproque.

63. Cela comporte de la part de la formatrice de gagner cette confiance à travers l'écoute patiente, l'absence de jugement, le temps suffisant donné à la rencontre, la fréquence des entretiens, la capacité d'assumer les tensions de l'autre, la sincérité et l'humilité en proposant ses propres interprétations sur ce que la sœur est en train de vivre, la discrétion sur ce qui lui est confié, la cohérence de sa vie personnelle.

---

[65] CONGREGATION POUR LES INSTITUTS DE VIE CONSA-CREE ET LES SOCIETES DE VIE APOSTOLIQUE, *A vin nouveau outres neuves*. Depuis le Concile Vatican II, la vie consacrée et les défis encore ouverts. Orientations, 16.

[66] Cf. JEAN PAUL II, Ex. Ap. post-synodale *Vita consecrata,* (25 mars 1996), 66.

64. La supérieure majeure, abbesse, prieure ou présidente d'une fédération monastique, en même temps qu'elle prend soin de sa propre formation, assume avec une grande responsabilité son rôle de formatrice des sœurs qui lui sont confiées. Il faut donc qu'elle :

- soit attentive aux besoins humains et spirituels des sœurs ;
- ait une qualité humaine de discernement, d'équilibre et de respect pour les dons que le Seigneur a fait à chaque sœur ;
- vive et construise des relations de familiarité, confiance, liberté et responsabilité avec toutes les sœurs, valorise et manifeste par des gestes humains simples son amour pour elles ;
- cultive l'attitude de dialogue, comme une vraie et profonde profession de foi. Dans ce climat elle organise l'élaboration du projet communautaire avec la participation effective de toutes les moniales ;[67]

---

[67] Cf. JEAN PAUL II, Lettre ap. *Novo millennio ineunte,* (6 janvier 2001), 45. CONGREGATION POUR LES INSTITUTS DE VIE CONSACREE ET LES SOCIETES DE VIE APOSTOLIQUE,

— construise une communauté qui soit vraiment un espace privilégié de formation permanente et initiale ; une communauté dans laquelle l'obéissance se transforme en collaboration, la pauvreté en solidarité, la chasteté en un moyen qui ouvre le cœur à l'accueil et à la fraternité universelle ; une communauté où l'on cultive la prière et ce que chacun porte, les sentiments qui ont besoin de soutien ; une communauté où l'on vit la mystique de la rencontre, la mystique du vivre ensemble.[68]

65. Les supérieures font plus confiance à l'exemple qu'aux paroles pour réaliser la tâche d'aider les sœurs à grandir intégralement et à être toujours plus conformes à l'image du Christ. Elles se souviendront que le Seigneur n'est pas venu pour être servi mais pour servir (cf. *Mt* 20, 28).[69] Parce que l'évangile est exi-

---

A vin nouveau outres neuves. Depuis le Concile Vatican II la vie consacrée et les défis encore ouverts. Orientations, 20.

[68] Cf. François, *Lettre Apostolique* à tous les consacrés à l'occasion de l'Année de la vie consacrée, (21 novembre 2014), I, 2 et II, 3.

[69] Cf. Congregation pour les Instituts de vie consacree et les Societes de vie apostolique, *A vin*

geant, elles aussi devront être exigeantes sur l'essentiel, mais en même temps compréhensives avec les sœurs qui leur sont confiées, *sans forcer les limites de leurs blessures.*[70]

La communauté

66. La moniale apprend à être et à devenir une sœur contemplative dans une communauté, et à travers la participation quotidienne de la vie dans une communauté concrète et fraternelle. La communauté est le lieu dans lequel l'esprit du fondateur est pleinement vivant. Le lieu dans lequel le charisme et l'esprit sont vécus concrètement et deviennent manifestes. La communauté est l'espace physique et théologique qui « permet l'initiation à l'effort et à la joie de la vie commune ».[71] Cela « exige la collaboration et la présence harmonieuse de toute

nouveau outres neuves. Depuis le Concile Vatican II la vie consacrée et les défis encore ouverts. Orientations, 21.

[70] Cf. FRANÇOIS, *La force de la vocation. La vie consacrée aujourd'hui.* Entretien avec FERNANDO PRADO, 2, EDB, 2018, 61.

[71] Cf. JEAN PAUL II, Ex. Ap. post-synodale *Vita consecrata,* (25 mars 1996), 67.

la communauté »[72], avec une distinction claire et en même temps complémentaire des rôles.

67. L'engagement de toute la communauté dans la formation, aussi bien permanente qu'initiale, demande que chaque monastère assume avec joie son rôle de formation, et remplisse les conditions nécessaires :

- qualité de vie fraternelle marquée par une atmosphère de confiance, de dialogue et de respect, qui favorise la prière liturgique et personnelle, l'écoute de la Parole de Dieu, l'étude et le travail ;
- cohérence entre les messages éducatifs explicites et implicites et la réalité de la vie consacrée ;
- manifestation de la beauté d'une vie contemplative, entièrement consacrée au Seigneur ;
- capacité à changer, à aller au-delà ;
- disponibilité à grandir ensemble et à vivre, entre les membres, des rapports

---

[72] CONGREGATION POUR LES INSTITUTS DE VIE CONSA-CREE ET LES SOCIETES DE VIE APOSTOLIQUE, *A vin nouveau outres neuves*. Depuis le Concile Vatican II la vie consacrée et les défis encore ouverts. Orientations,16.

qui aident à la formation, et en particulier avec les candidates en formation ;
— sens des responsabilités envers la communauté elle-même ;
— projet de vie fraternelle, fruit d'un discernement communautaire qui respecte
et valorise comme une richesse la diversité, la collaboration entre les jeunes et
les plus anciennes, la compréhension
pour celles qui se trompent et qui n'ont
pas encore appris ;
— volonté pour affronter les conflits et
chercher ensemble une solution, deman-
dant, si nécessaire l'aide d'experts de façon à ce que la communauté soit un lieu
privilégié de conversion permanente ;
— attention à l'histoire, et à l'ouverture
aux pauvres et aux émigrés, en accord
avec le choix de vie contemplative.

La Présidente fédérale

68. La Présidente fédérale et son conseil
sont en étroite collaboration avec les Supérieures majeures, organisent et coordonnent
la formation au niveau fédéral. Elles prévoient
des activités de formation permanente pour les

supérieures majeures et les formatrices de la Fédération.[73]

69. La Présidente fédérale et son conseil, élabore la *Ratio Formationis* de la Fédération. En conformité avec cette *Ratio* elle assure une formation intégrale, organisée, progressive et cohérente pour les sœurs de la Fédération.[74] Pour entrer en vigueur cette *Ratio* doit être approuvée par l'Assemblée fédérale.

Les éventuels experts

70. Dans l'accompagnement personnalisé, si cela est nécessaire, on peut recourir à la psychopédagogie. Cela peut aider soit à structurer un développement équilibré de la personnalité, soit à traverser une phase délicate de la vie. Tout en ayant bien présent que le service de l'accompagnement ne remplace pas l'œuvre de Dieu, premier et unique formateur et accompagnateur, ni le travail de celle qui est accompagnée, première responsable de sa propre formation.

---

[73] Cf. CONGREGATION POUR LES INSTITUTS DE VIE CONSACREE ET LES SOCIETES DE VIE APOSTOLIQUE, *Cor Orans*. Instruction d'application sur la vie contemplative féminine, (2018), 117-120.

[74] Cf. *Idem*, 225-226.

EN FORMATION PERMANENTE

La Ratio formationis

71. Comme il a souvent été dit, la formation est un processus dans lequel chaque personne est la première responsable.[1] Dans une telle vision résonne la parole de l'apôtre : *je te rappelle de raviver le don de Dieu qui est en toi* (*2 Tim.* 1, 6). Le Code de Droit Canon se fait l'interprète de ce processus lorsque qu'il prescrit : « Dans chaque institut, après la première profession, la formation de tous les membres sera complétée pour qu'ils mènent plus pleinement la vie propre de l'institut et réalisent de manière plus adaptée sa mission » (can. 659).

72. La rédaction de la propre *Ratio formationis* est un chemin à parcourir pour beaucoup de fédérations. «La *Ratio* répond aujourd'hui à une véritable urgence : d'un côté, elle montre comment transmettre l'esprit de l'Institut, pour qu'il soit vécu authentiquement par les nouvelles gé-

[1] Cf. FRANÇOIS, Const. Ap. *Vultum Dei quaerere,* (29 juin 2016), 13.

nérations, dans la diversité des cultures et des situations géographiques ; d'un autre côté, elle propose aux personnes consacrées les moyens de vivre cet esprit dans les différentes étapes de l'existence, en progressant vers la pleine maturité de la foi au Christ.

S'il est vrai que le renouveau de la vie consacrée dépend principalement de la formation, il est aussi vrai que cette dernière est, à son tour, liée à la capacité de proposer une méthode, riche en sagesse spirituelle et pédagogique, qui conduise progressivement ceux qui aspirent à se consacrer, à s'approprier les sentiments du Christ Seigneur ».[2]

73. La *Ratio formationis* doit être une proposition de formation pensée pour des femmes appelées à la *sequela Christi* dans la vie contemplative : « Depuis le commencement de la mission du Christ, la femme montre à son égard et à l'égard de tout son mystère une sensibilité particulière qui correspond à l'une des caractéristiques de sa féminité ».[3] Cette attitude particulière de la femme est *« un signe de la tendresse de Dieu pour le genre humain* et

---

[2] JEAN PAUL II, Ex. Ap. post-synodale *Vita consecrata,* (25 mars 1996), 68.

[3] JEAN PAUL II, *Mulieris dignitatem,* (15 août 1988), 16.

un témoignage particulier du mystère de l'Église, vierge, épouse et mère ».[4]

74. Elle sera élaborée au niveau fédéral et appliquée dans tous les monastères en tant que projet prioritaire et indispensable pour assurer un vrai chemin de formation.[5]

La formation des moniales

75. La finalité de la vie consacrée consiste à être configurée au Seigneur Jésus dans *son oblation totale de lui-même*, c'est à cela surtout que doit tendre la formation. Il s'agit d'un itinéraire qui permet de s'approprier progressivement les sentiments du Christ envers son Père. La démarche de la formation « devra avoir et montrer *un caractère de totalité*. Elle devra être une formation de tout l'être, dans les différentes composantes de sa personnalité, dans les comportements comme dans les intentions. Parce qu'elle tend précisément à la transformation de toute la personne, il est clair que *la tâche de la formation n'est jamais achevée* ».[6]

---

[4] JEAN PAUL II, Ex. Ap. post-synodale *Vita consecrata*, (25 mars 1996), 57.

[5] *Idem*, 68.

[6] *Idem*, 65.

76. Pour les Instituts de vie apostolique comme pour ceux de vie contemplative, la formation permanente fait partie des exigences de la consécration religieuse [...] La formation *initiale* doit donc être affermie par la formation *permanente,* prédisposant le sujet à se laisser former tous les jours de sa vie ».[7] La formation continue est un engagement ascétique au sens large du terme et qui dure tout au long de la vie.[8] « Pour assurer une formation permanente adéquate, les fédérations favoriseront la collaboration entre les monastères par l'échange de matériel pour la formation, et en utilisant les moyens de communication digitale, sauvegardant toujours le discernement nécessaire ».[9]

La communauté monastique : mystique de la rencontre

77. « Le lieu ordinaire où se déroule le cheminement et la formation est le monastère ».[10]

---

[7] *Idem*, 69.

[8] Cf. CONGREGATION POUR LES INSTITUTS DE VIE CONSAREE ET LES SOCIETES DE VIE APOSTOLIQUE, *Cor orans.* Instruction d'application sur la vie contemplative féminine, (2018), 231 ss.

[9] FRANCOIS, Const. Ap. *Vultum Dei quaerere*, (29 juin 2016). Conclusion dispositive, art. 3 §2.

[10] *Idem*, 1, 14.

Le mystère de communion auquel se réfère la communauté monastique « tend à refléter la profondeur et la richesse de ce mystère, en se construisant comme un espace humain habité par la Trinité, qui prolonge ainsi dans l'histoire les dons de communion propres aux trois Personnes divines ».[11]

Avec cette vision, « chaque monastère prendra soin avec une attention particulière de la formation permanente, qui est comme l'humus de chaque étape de la formation ».[12] Le monastère garde ainsi l'authenticité de la vie, dans la fidélité dynamique au charisme propre, conscient que le témoignage monastique devient la première et la plus éloquente annonce vocationnelle.

78. La formation monastique de nature fondamentalement communautaire, accompagne l'expérience de la communion fraternelle, et « *est un lieu théologal* où l'on peut faire l'expérience de la présence mystique du Seigneur

---

[11] JEAN PAUL II, Ex. Ap. post-synodale *Vita consecrata*, (25 mars 1996), 41.

[12] FRANÇOIS, Const. Ap. *Vultum Dei quaerere*, (29 juin 2016). Conclusion dispositive, art. 3 §1.

ressuscité (cf. *Mt* 18,20).[13] Cela se réalise grâce à l'amour mutuel de ceux qui composent la communauté, amour nourri par la Parole et par l'Eucharistie, purifié par le Sacrement de la Réconciliation, soutenu par la prière pour l'unité, don de l'Esprit à ceux qui se mettent à l'écoute obéissante de l'Évangile. C'est précisément Lui, l'Esprit, qui introduit l'âme dans la communion avec le Père et avec son Fils Jésus Christ (cf. *1 Jn* 1,3), communion qui est la source de la vie fraternelle ».[14]

79. La communauté monastique « est le milieu naturel du processus de croissance, où chacun devient coresponsable de la croissance de l'autre ».[15] Riche de dons multiples, et guidé dans la sequela du Seigneur Jésus, « chacun apprend à vivre avec ceux que Dieu a placés à ses côtés, acceptant leurs qualités en même temps que leurs différences et leurs limites. En particulier, il apprend à partager les dons reçus pour l'édification

---

[13] JEAN PAUL II, Ex. Ap. post-synodale *Vita consecrata*, (25 mars 1996), 42.

[14] *Idem*, 42.

[15] CONGREGATION POUR LES INSTITUTS DE VIE APOSTOLIQUE ET LES SOCIETES DE VIE APOSTOLIQUE, La vie fraternelle en communauté. « *Congregavit nos in unum Christi amor* », (2 février 1994), 43.

de tous, car *à chacun la manifestation de l'Esprit est donnée en vue du bien commun* » (*1 Co* 12,7).[16]

80. Toutes les occasions de connaissance réciproque, de partage des biens spirituels et de croissance du sens d'appartenance sont pratiqués,[17] parce que « personne ne construit l'avenir en s'isolant, ni uniquement avec ses propres forces, mais en se reconnaissant dans la vérité d'une communion qui s'ouvre toujours à la rencontre, au dialogue, à l'écoute, à l'aide réciproque ».[18] Il est rappelé aussi « qu'en favorisant constamment l'amour fraternel, notamment sous la forme de la vie commune, celle-ci a montré que *la participation à la communion trinitaire peut changer les rapports humains* et créer un nouveau type de solidarité ».[19] Le manque de communication et de partage génère l'affaiblis-

---

[16] JEAN PAUL II, Ex. Ap. post-synodale *Vita consecrata*, (25 mars 1996), 67.

[17] Cf. CONGREGATION POUR LES INSTITUTS DE VIE CONSACREE ET LES SOCIETES DE VIE APOSTOLIQUE, Instruction *Repartir du Christ, Un engagement renouvelé de la vie consacrée dans le Troisième Millénaire*, (19 mai 2002), 28.

[18] FRANÇOIS, *Lettre Apostolique* à tous les consacrés à l'occasion de l'Année de la vie consacrée, (21 novembre 2014), II, 3.

[19] JEAN PAUL II, Ex. Ap. post-synodale *Vita consecrata*, (25 mars 1996), 41.

sement de la vie fraternelle et l'expérience spirituelle acquiert une connotation individualiste[20] qui peut enlever la vigueur de la vie de la personne et de la communauté.

81. « L'un des objectifs, spécialement visé aujourd'hui, est d'intégrer des personnes différentes par la formation [...] dans une même vie communautaire, où les différences ne soient pas des occasions de conflit mais d'enrichissement réciproque ».[21] Chacune, avec ses talents, son témoignage particulier, son histoire, se confronte à la communauté pour vivre des relations dans lesquelles la communion entre sœurs devient pour le monde *confessio trinitatis*, beauté et grâce de la participation à la communion divine.[22]

Générer le Christ dans les disciples

82. « Dieu le Père est le formateur par excellence de ceux qui se consacrent à Lui. Mais, dans un tel processus, il se sert de la

---

[20] Cf. CONGREGATION POUR LES INSTITUTS DE VIE CONSACREE ET LES SOCIETES DE VIE APOSTOLIQUE, La vie fraternelle en communauté « *Congregavit nos in unum Christi amor* », (2 février 1994), 31.

[21] *Idem*, 43.

[22] Cf. *Idem*, 24-27.

médiation humaine et place, aux côtés de ceux qu'il appelle, quelques frères et sœurs aînés ».[23] La responsabilité de la formation des moniales appartient à la communauté monastique présidée et animée par la Supérieure majeure du monastère, aidée de ses collaboratrices.

83. De la tradition du monachisme il apparait clairement que la tâche de ceux qui président à la communion dans le monastère a comme premier objectif de générer le Christ dans leurs disciples (cf. *2 Cor.* 3,18), cherchant « les chemins et la solidité, ou plutôt l'âge adulte de la consécration. Une personne consacrée ne peut être comme une enfant, elle doit être adulte ».[24]

84. De plus la Supérieure accompagne la sœur sur le chemin de formation de la Règle, un chemin de l'intelligence et du cœur, jamais formel, qui soutient la liberté de la personne qui apprend progressivement à s'ouvrir à la surprise de l'autre et à faire confiance à la média-

---

[23] JEAN PAUL II, Ex. Ap. post-synodale *Vita consecrata*, (25 mars 1996), 66.

[24] FRANÇOIS, *La force de la vocation. La vie consacrée aujourd'hui.* Entretien avec FERNANDO PRADO, EDB, 2018, 2, 54.

tion, tout en acquérant les sentiments filiaux du Christ Seigneur dans l'être et dans le faire.

85. Une telle *traditio* offre une occasion de formation à travers une herméneutique vivante et permanente, qui sait adapter le service de l'autorité selon le charisme de chaque Ordre. Ce travail d'interprétation permet de retrouver l'esprit de l'inspiration originelle de la Règle, peu importe le style, l'histoire, les observances et les activités qui caractérisent la vie du monastère. La communauté choisit donc la Supérieure en vue d'éclairer et de guider chacune dans sa vocation et sa formation continue, selon le charisme spécifique.

86. L'itinéraire de formation permanente s'accomplit avec une attitude ouverte à la collaboration et à la *synodalité*. La Supérieure devra respecter et faire attention aux principes indispensables dans sa relation avec les moniales, les formatrices, la présidente fédérale, les autorités de l'Eglise, afin que le cheminement soit vrai, sage et capable de susciter la vie.

Intégration pluriculturelle

87. Les jeunes provenant de pays ayant une culture différente de celle du monastère qui les accueille, sachant « qu'on doit absolument éviter le recrutement de candidates venant d'autres pays, dans le seul but de préserver la survie du monastère »,[25] seront formées petit à petit pour s'intégrer dans la communauté, de telle façon qu'elles puissent vivre pleinement les exigences de l'identité monastique féminine et assumer les responsabilités dans un processus de croissance et d'intégration culturelle qui fasse murir leur liberté. La connaissance des conditions culturelles et sociales, des problèmes et des attentes qui caractérisent l'origine de celles qui, venant d'autres pays, demandent à entrer dans la vie monastique, est une condition indispensable pour entreprendre et poursuivre un itinéraire de formation.

Temps spécifiques

88. Pendant l'année sont prévus des temps spécifiques de formation dont la programmation est confiée à la Présidente fédérale, après avoir écouté les Supérieures des monastères de la fédération. Si les forces internes diminuent – dans le monastère comme dans la fédération monastique – l'aide réciproque est nécessaire,

---

[25] FRANÇOIS, Const. Ap. *Vultum dei quaerere*, (29 juin 2016), Conclusion dispositive, art. 3 §6.

comme celui des Ordres, pour assurer une réel soutien à la formation permanente.

89. Dans les périodes de changements, propres à la vie, on fera particulièrement attention à chaque moniale. Particulièrement au moment du désenchantement qui suit la profession perpétuelle ; au moment du moyen âge quand on s'arrête sur le sens et la fécondité de son existence ; au moment de fragilités, de limites, de découragement, d'aggravation de processus intérieurs qui exigent clarté dans le discernement et audace dans les décisions.

« Il sera donc de la responsabilité de l'autorité de maintenir élevé, chez chacun, le niveau de la disponibilité à la formation, de la capacité à apprendre de la vie, de la liberté de se laisser former les uns par les autres et de se sentir chacun responsable du cheminement de croissance d'autrui ».[26]

La formation des formatrices

90. Les maîtresses de formation « doivent donc être des personnes confirmées sur le che-

---

[26] CONGREGATION POUR LES INSTITUTS DE VIE CONSACREE ET LES SOCIETES DE VIE APOSTOLIQUE, Instruction *Le service de l'autorité et l'obéissance. Faciem tuam, Domine, requiram,* (11 mai 2008), 13g.

min de la recherche de Dieu, pour être en mesure d'accompagner aussi d'autres personnes dans cet itinéraire. Attentives à l'action de la grâce, elles sauront signaler les obstacles les moins évidents, mais surtout, elles montreront la beauté de la *sequela Christi* et la valeur du charisme par lequel elle se réalise. Les connaissances de la sagesse spirituelle seront associées à celles qu'offrent les moyens humains et qui aideront au discernement de la vocation et à la formation de l'homme nouveau, pour qu'il devienne vraiment libre ».[27]

91. Parce que « la croissance d'une personne est toujours artisanale » cela demande que les formatrices soient « des personnes de discernement, de piété, de patience », de façon telle qu'elles puissent suivre la personne, la valorisant telle qu'elle est, *pour l'accompagner, petit à petit, selon les principes du charisme.*[28]

92. On choisira avec le plus grand soin les moniales à qui sera confié le service de forma-

---

[27] JEAN PAUL II, Ex. Ap. post-synodale *Vita consecrata*, (25 mars 1996), 66.

[28] FRANÇOIS, *La force de la vocation. La vie consacrée aujourd'hui.* Entretien avec FERNANDO PRADO, EDB, 2018, 2, 76-77.

trices, que ce soit pour accompagner les candidates sur le chemin de la formation initiale, ou pour collaborer avec la Supérieure du monastère afin que la communauté vive dans un climat fécond de formation permanente, cohérent avec les exigences de la vie contemplative quotidienne.[29]

93. Les monastères et les fédérations renforceront la formation des formatrices et de leurs collaboratrices. « Les sœurs appelées à assurer le service délicat de la formation peuvent, *servatis de iure servandis*, suivre des cours spécifiques de formation, même hors de leur monastère ».[30]

94. La Présidente fédérale pourra après discernement prendre des décisions dans ce sens, s'assurant que cela ne sépare pas les sœurs de la vie du monastère pour un temps supérieur à sept jours par mois, et que soit maintenu « un climat adéquat et cohérent avec les exigences de leur charisme propre ».[31]

---

[29] Cf. FRANÇOIS, Const. Ap. *Vultum Dei quaerere*, (29 juin 2016), Conclusion dispositive, art. 3 §3-4.

[30] *Idem*, Conclusion dispositive, art. 3 §4.

[31] FRANÇOIS, Const. Ap. *Vultum Dei quaerere*, (29 juin 2016), Conclusion dispositive, art. 3 §4.

La formation des supérieures

95. Les communautés monastiques ont besoin d'être guidées avec sagesse et intelligence, comme l'a fait le Christ : « Je suis au milieu de vous comme celui qui sert (*Lc* 22, 27). Dans la vie consacrée, l'autorité est avant tout une autorité spirituelle. *Elle sait qu'elle a été appelée à servir un idéal qui la dépasse infiniment, un idéal dont il n'est possible de s'approcher que dans un climat de prière et d'humble recherche, qui permet d'accueillir l'action de l'Esprit dans le cœur de chaque frère ou de chaque sœur ».*[32]

96. « La personne appelée à exercer l'autorité doit savoir qu'elle ne pourra le faire que si auparavant elle entreprend le pèlerinage qui conduit à rechercher avec intensité et droiture la volonté de Dieu ».[33] On assurera une formation spécifique à celles qui sont appelées à exercer le ministère de l'autorité.[34] Une telle formation sera fondée sur le Magistère

[32] CONGREGATION POUR LES INSTITUTS DE VIE CONSACREE ET LES SOCIETES DE VIE APOSTOLIQUE, Instruction *Le service de l'autorité et l'obéissance. Faciem tuam, Domine, requiram,* (11 mai 2008), 13a.

[33] *Idem,* 12

[34] FRANÇOIS, Const. Ap. *Vultum Dei quaerere,* (29 juin 2016), Conclusion dispositive, art. 7 §1.

de l'Eglise ; sur une pédagogie de l'homme ; sur une connaissance ciblée des signes et des cultures contemporaines. « Pour être en mesure de promouvoir la vie spirituelle, l'autorité devra auparavant la cultiver en elle-même, au moyen d'une familiarité priante et quotidienne avec la Parole de Dieu, avec la Règle et les autres normes de vie, en attitude de disponibilité à l'écoute des autres et des signes des temps ».[35]

97. Il ne faut pas oublier de former les Supérieures à l'importance d'une présence autorisée et maternelle qui accompagne la vie des sœurs : « Le service de l'autorité requiert une présence constante, capable d'animer et de proposer, de rappeler la raison d'être de la vie consacrée, d'aider les personnes qui vous sont confiées à correspondre avec une fidélité toujours renouvelée à l'appel de l'Esprit ».[36]

La formation des économes

98. L'aspect économique de la communauté monastique sera suivi avec sagesse, soin et

---

[35] CONGREGATION POUR LES INSTITUTS DE VIE CONSACREE ET LES SOCIETES DE VIE APOSTOLIQUE, Instruction *Le service de l'autorité et l'obéissance. Faciem tuam, Domine, requiram,* (11 mai 2008), 13a.

[36] *Idem.*

expertise, en particulier dans les cas où l'on doit administrer un patrimoine important. Les moniales affectées à l'administration doivent donc être adéquatement formées.[37]

Les biens des monastères sont des biens ecclésiastiques (can. 635 § 1). Sont considérés comme tels les biens qui appartiennent aux personnes juridiques publiques (can. 1257 § 1), ordonnés à une fin qui s'accorde avec la mission de l'Eglise (can 114 § 1). Les biens des monastères « participent des mêmes finalités dans le mode évangélique de la promotion de la personne humaine, de la mission, du partage caritatif et solidaire avec le peuple de Dieu : en particulier, la sollicitude et le souci des pauvres, vécus comme un engagement commun, sont capables de donner une nouvelle vitalité à l'institut ».[38]

---

[37] CONGREGATION POUR LES INSTITUTS DE VIE CONSACREE ET LES SOCIETES DE VIE APOSTOLIQUE, *L'économie au service du charisme et de la mission. Boni dispensatores multiformis gratiae Dei. Orientations*, LEV (2018), 18-19.

[38] CONGREGATION POUR LES INSTITUTS DE VIE CONSACREE ET LES SOCIETES DE VIE APOSTOLIQUE, *A vin nouveau, outres neuves*. Depuis le Concile Vatican II la vie consacrée et les défis encore ouverts, Orientations, 28.

99. Il est important de se rappeler que « à travers l'économie se posent des choix très importants pour la vie, à travers lesquels doit transparaître le témoignage évangélique, attentif aux nécessités des frères et sœurs. L'attention à la dimension évangélique de l'économie ne doit pas être négligée dans le processus de formation, en particulier dans la préparation de ceux qui devront gérer les structures économiques sur les principes de gratuité, de fraternité et de justice, en posant ainsi les bases d'une économie évangélique de partage et de communion (cf. *Actes* 4,32-35) ».[39]

Le Projet ordinaire de formation

Personnel et communautaire

100. Chaque moniale élabore un Projet de formation personnel concernant sa vie de sequela. Le chapitre conventuel élabore le *Projet de vie communautaire* concernant la formation per-

---

[39] CONGREGATION POUR LES INSTITUTS DE VIE CONSACREE ET LES SOCIETES DE VIE APOSTOLIQUE, Lettre circ. *Lignes d'orientations pour la gestion des biens dans les Instituts de vie consacrée et les Sociétés de vie apostolique,* (2 août 2014), p. 2 et 3.

manente de la communauté.[40] Le *Projet de vie communautaire* basé sur la *Règle* est périodiquement mis à jour. Il établit un programme adéquat de formation. Il a soin que chaque membre puisse participer aux temps de formation prévus et puisse les approfondir personnellement.

Le Projet de formation au niveau fédéral

101. La Présidente fédérale avec son conseil et la participation des supérieures des monastères respectifs préparent un Projet de formation pour la Fédération en fidélité avec les principes et les critères de la *Ratio formationis*. Il prévoit des temps et des espaces spécifiques de formation : pour les formatrices à la vie contemplative ; pour les professes de vœux temporaires ; pour les moniales des monastères de la Fédération ; pour les supérieures et pour les économes. Le Projet prévoit d'autres moments et d'autres façons de vérifier le processus de la formation initiale.

Pour les formatrices

102. Les formatrices, personnes expertes dans le cheminement à la recherche de Dieu,

---

[40] FRANÇOIS, Const. Ap. *Vultum Dei quaerere,* (29 juin 2016), Conclusion dispositive, art. 3 §1.

sont capables d'accompagner les candidates dans cet itinéraire. Attentives à l'action de la grâce, elles montreront la beauté de la sequela Christi et la valeur du charisme par lequel elle se réalise, et signaler les obstacles les moins évidents. « Les connaissances de la sagesse spirituelle seront associées à celles qu'offrent les moyens humains et qui aideront au discernement de la vocation et à la formation de l'homme nouveau, pour qu'il devienne vraiment libre. L'entretien personnel est un moyen fondamental de formation auquel il convient de recourir avec régularité et avec une certaine fréquence, car il s'agit d'une pratique efficace, confirmée et irremplaçable. Devant des tâches aussi délicates, il apparaît vraiment important de préparer des formateurs qualifiés qui veilleront à accomplir leur service dans une grande harmonie avec la démarche de toute l'Église ».[41]

103. La formatrice cultive également en elle la ferme conscience que la vraie vie est dans le Christ (cf. *Cor* 5,14-17) et que son service est de conduire à la beauté de la vie nouvelle, de la *vie cachée avec le Christ en Dieu* (*Col.* 3,3). Dans cette

---

[41] JEAN PAUL II, Ex. Ap. post-synodale *Vita consecrata,* (25 mars 1996), 66.

vision elle s'éduquera d'abord elle-même pour vivre selon la logique du mystère pascal, la *kénose*, qui transforme l'être humain en une vie nouvelle avec l'Esprit Saint, et recevra discernement et grâce pour guider les autres sur ce chemin exigeant.

104. Pour la formation des formatrices il est préférable que les cours prévus par la fédération et la fréquentation éventuelle de cours à l'extérieur soient donnés au cours de sessions *ad hoc* qui ne prévoient pas une longue absence du monastère. On choisira des lieux adaptés à l'accueil qui permettent de garder une ambiance adéquate et favorable.

Pour les professes de vœux simples ou temporaires

105. Pour la formation des moniales de profession temporaire des cours au niveau fédéral sont prévus, offrant des espaces de formation spécifique et la possibilité précieuse de moments de rencontre et d'échanges d'expériences, entre les moniales de monastères différents. Il sera prévu aussi dans le programme des temps suffisants de formation pour la préparation immédiate à la profession perpétuelle.

106. Pour la formation permanente des moniales de profession perpétuelle la Présidente fédérale organise la collaboration entre les monastères, soit par l'échange de matériel de formation, soit à travers l'utilisation des moyens de communication digitale,[42] soit en offrant des cours spécifiques de formation, ouverts à la participation des communautés de la Fédération et/ou de la Confédération.

Domaines culturels

107. Nous rappelons certains domaines culturels, non exhaustifs, qui peuvent inspirés, et auxquels il est important de faire référence dans les programmes pour la formation permanente et initiale des contemplatives : l'exégèse de l'Ecriture sainte ; la sainte liturgie et la musique sacrée ; la littérature monastique avec les sources charismatiques de l'Institut ; la littérature spirituelle théologique et anthropologique ; le Magistère du Concile Vatican II ; le Magistère de l'Eglise, spécialement sur la vie religieuse ; la littérature humaine et pédagogique ; l'art des

---

[42] FRANÇOIS, Const. Ap. *Vultum Dei quaerere*, (29 juin 2016). Conclusion dispositive, art. 3 2.

icônes. D'autres domaines d'intérêt particulier (la botanique, la pharmacie, l'édition, la confiserie, etc.) peuvent harmoniser étude et travail.

Dans la culture digitale

108. Dans la formation, une attention spéciale est requise afin que les moniales accèdent avec discrétion à la culture digitale : « Ces moyens peuvent certainement être des instruments utiles pour la formation et la communication, mais je vous exhorte à un prudent discernement afin qu'ils soient au service de la formation à la vie contemplative et aux communications nécessaires ».[43]

109. Il ne s'agit pas simplement d'utiliser les moyens de communication ou d'en empêcher l'usage, sous réserve du discernement de la supérieure qui confie à une moniale la gestion de ces *moyens*, mais il est demandé bien davantage. Il s'agit de comprendre grâce à une formation, les langages, les symboles, et les modalités sophistiquées et souvent manipulatrices présentes dans la culture des médias. L'information en réseaux sera un moyen de formation, seulement

---

[43] *Idem*, 34.

si l'on connait la nature de la communication,
tout à fait différente de celle de la communication orale ou écrite.

110. Dans la vie monastique il est nécessaire de garder une distance raisonnable face au flux continu d'informations, pour éviter des impacts émotifs redondants. Il est bon de distinguer entre l'accès à *internet* comme moyen de travail, de formation et d'information, et l'accès comme lieu et temps de détente. Porter une attention particulière à la cellule, qui devrait maintenir son caractère de lieu de recueillement et de prière.

111. Avant tout, le monde médiatique touche la méthodologie à poursuivre dans l'étude et la réflexion critique. Il est nécessaire d'aider la moniale à ne pas céder à l'attrait de l'immédiat et de l'utilisation facile et mouvante du matériel d'étude, qui ne s'épuise pas avec la gestion des informations, sans critère de discernement ni esprit critique.

112. Comme pour d'autres domaines de la vie, l'usage des moyens de culture digitale serait inadéquat avec une gestion sans contrôle, il en est de même avec une gestion élitiste et privilégiée. Au-delà des choix pratiques et particuliers il est important qu'une communauté ait un cadre de critères pour l'utilisation d'*internet*. Il s'agit de mettre sur pied un processus d'adultes avec, pour son utilisation, un partage qui obéisse aux exigences de la vie contemplative concernant le lieu, les heures, le temps concédé à chacune.

113. Le chapitre conventuel a le devoir de discerner dans quelle mesure et quelles sont les modalités pour accéder aux chaines d'information. La Supérieure et les formatrices, évitant une simple fonction de contrôle, feront confiance et formeront chacune au sens des responsabilités, invitant à partager l'expérience faite à travers le monde digital.

La formation initiale

Les contextes culturels contemporains

114. « À la formation initiale, comprise comme une évolution progressive qui passe par toutes les étapes de la maturation personnelle – de la maturation psychologique et spirituelle à la maturation théologique et pastorale – on doit ménager un laps de temps suffisamment long »,[1] qui va de neuf à douze ans.[2]

115. Les cultures contemporaines spécialement occidentales ont façonné une nouvelle anthropologie humaine qui concentre l'attention sur l'autonomie de la personne comprise comme individu, soulignant la spontanéité, l'assentiment de tous les désirs et l'autoréalisation. Dans d'autres pays c'est souvent le désir légi-

---

[1] JEAN PAUL II, Ex. Ap. post-synodale *Vita consecrata*, (25 mars 1996), 65.

[2] CONGREGATION POUR LES INSTITUTS DE VIE CONSACREE ET LES SOCIETES DE VIE APOSTOLIQUE, *Cor Orans*. Instruction d'application sur la vie contemplative féminine, (1er avril 2018), 253.

time d'émancipation sociale qui motive le choix de l'entrée dans la vie religieuse. Dans l'un et l'autre cas, il devient toujours plus complexe de penser et de projeter la vie dans la vision d'offrande de sa personne, surtout quand le choix doit être total et définitif.

116. Les femmes qui demandent aux Instituts de vie contemplative d'être initiées à la dignité et aux exigences de cet état de vie consacrée, doivent être accompagnées de façon appropriée et spécifique. Les monastères utilisent donc une saine pédagogie et une humble mystagogie pour introduire les candidates à la compréhension de la nature de la vie contemplative cloitrée, avec les exigences qu'elle comporte.

117. Chaque femme qui prend le chemin du disciple dans la vie monastique a le devoir de maintenir vivant son désir de Dieu, en cultivant l'intelligence du cœur qui ne s'improvise pas et s'entretient avec passion tout au long de la vie. Dans le cheminement quotidien il est donc nécessaire d'aider les plus jeunes à ne pas céder à l'attrait de l'immédiat.

118. Dans l'étude et la formation personnelle il faut s'habituer à faire l'effort de la réflexion et de l'approfondissement, en évitant l'illusion d'une culture basée sur la simple information. Aux jeunes de la génération digitale habituées à vivre en réseaux, il est nécessaire de transmettre une façon calme et réfléchie de gérer les informations qui creusent au plus profond (*Lc* 6,48).

119. De tels principes devront être connus et acceptés par les candidates au moment de la formation initiale : les contemplatives « se mettent dans un état d'oblation personnelle tellement élevé qu'il exige une vocation spéciale, qui doit être vérifiée avant l'admission ou la profession perpétuelle ».[3]

Le discernement et la vérification de la vocation.

120. Dans la tradition monastique les fondateurs, les fondatrices, et leurs disciples ont été des maitres dans l'art de chercher Dieu. Saint Benoit demande dans la Règle de vérifier chez l'aspirant à la vie monastique *si revera Deum quae-*

---

[3] JEAN PAUL II, *Audience générale*, Rome, (4 janvier 1995), 8.

rit.[4] Le discernement passe par la vérification de la disponibilité à se laisser introduire dans un style de vie exigeant qui demande de renoncer à ses propres schémas et habitudes. « Le discernement doit se faire sereinement, libre de toute préoccupation de nombre ou d'efficacité »,[5] mais à la lumière de la mission évangélique à laquelle est appelée la vie contemplative.[6]

La promotion et l'accompagnement des vocations.

121. Chaque monastère aura soin de promouvoir les vocations, d'abord et avant tout par la prière, comme acte d'obéissance à la Parole « priez donc le maitre de la moisson, d'envoyer des ouvriers à la moisson » (*Lc* 10,2) et par la confiance en l'Esprit Saint. Il établit des parcours de catéchèse et d'annonce pour offrir aux

---

[4] Cf. BENOIT, *Règle*, 58, 7, dans FRANÇOIS, Const. Ap. *Vultum Dei quaerere*, (29 juin 2016), 2.

[5] Cf. CONGREGATION POUR LES INSTITUTS DE VIE CONSACREE ET LES SOCIETES DE VIE APOSTOLIQUE, Instruction *Repartir du Christ. Un engagement renouvelé de la vie consacrée au Troisième Millénaire*, (19 mai 2002), 18.

[6] Cf. FRANÇOIS, Const. Ap. *Vultum Dei quaerere*, (29 juin 2016), 6.

92

jeunes un espace de connaissance du charisme, susciter dans leur cœur des interrogations et favoriser les réponses.[7]

122. Pour l'étape d'accompagnement des vocations on prépare les sœurs appropriées, passionnées du charisme, capables d'entrer en dialogue avec les jeunes d'aujourd'hui et de les comprendre. Ces sœurs se consacreront à des rencontres personnelles, offrant aux jeunes la possibilité de se mettre face au charisme de façon directe et personnelle. Durant cette étape la jeune est invitée, quand cela est possible, à vivre aussi un certain temps à l'hospitalité du monastère pour une connaissance réciproque plus approfondie.

L'itinéraire de formation

Aspirantat

123. L'amour oblatif fait dépasser les difficultés qui sont au cœur de chaque commencement et de chaque changement.[8] Il est donc nécessaire de discerner avec sagesse la docili-

---

[7] Cf. JEAN PAUL II, Ex. Ap. post-synodale *Vita consecrata,* (25 mars 1996), 64.

[8] Cf. BENOIT, *Règle,* Prologue, 48-49.

té du cœur et la *docibilità* aux appels de Dieu, aux circonstances et aux obstacles de la vie. La confrontation permanente entre le désir de suivre le Christ dans la vie monastique et le vécu quotidien demande de choisir et de persévérer dans la pratique de l'Evangile.

124. Les jeunes, qui après une étape approfondie de discernement, persévèrent dans leur désir de poursuivre la route, peuvent être accueillies en clôture pour une ultime vérification qui les mettent face à la réalité de la vie quotidienne. Elles sont accompagnées par la formatrice chargée de suivre de plus près leur cheminement. Il appartient au chapitre conventuel de déterminer les modalités et les temps de cette expérience en clôture, qui durera ordinairement une année et sera éventuellement prolongée.

125. Pour l'accueil de jeunes qui viennent de l'étranger, on s'adressera à la Congrégation pour les Instituts de vie consacrée et les Sociétés de vie apostolique, en se conformant scrupuleusement à l'itinéraire prévu, et « même si les constitutions des communautés internationales et multiculturelles manifestent l'universalité du charisme, on doit absolument éviter le recrutement de candidates venant d'autres pays dans le seul but de préserver la survie du monastère ».[9]

126. Pour cette première étape la *Ratio formationis* contient des critères d'accueil des candidates, accompagnés d'un discernement exigeant qui prend en considération même les éventuelles origines ethniques et culturelles.

Postulat

127. Le but du postulat est d'accompagner le processus de discernement de la candidate avant l'admission au noviciat, s'étant assuré de la maturité humaine et religieuse[10] et ayant commencé les processus nécessaires de croissance, qui seront approfondis et perfectionnés pendant le noviciat. C'est une étape qui demande des parcours personnalisés, partant de la maturité humaine et de la préparation de chaque candidate. Le chemin se développe à travers l'accompagnement quotidien et serein pour ar-

---

[9] FRANÇOIS, Const. Ap. *Vultum dei quaerere,* (29 juin 2016), Conclusion dispositive, art. 3 §6.

[10] Cf. CONGREGATION POUR LES INSTITUTS DE VIE CONSACREE ET LES SOCIETES DE VIE APOSTOLIQUE, Directives sur la formation dans les instituts religieux *Potissimum Institutioni*, Rome, (2 février 1990), 42.

river à un équilibre affectif et relationnel, et à l'initiation désirée à la vie consacrée.

128. Le temps du postulat ne devrait pas être inférieur à un an, éventuellement prolongé. Dans cette étape de formation la postulante pourra vérifier sa propre capacité à vivre les exigences d'une vie contemplative selon la vision de l'Eglise dans la Constitution Apostolique *Vultum Dei quaerere* et, en particulier, d'entrer d'une façon plus réelle et concrète dans la communauté avec laquelle elle pourra décider de partager la vie.

Noviciat

129. Le temps du noviciat se déroulera selon le droit universel et propre et ne sera pas inférieur à deux ans. Le noviciat, temps fort dans le cheminement de formation initiale, constitue un « temps d'initiation intégrale à la forme de vie que le Fils de Dieu a embrassée et qu'il nous propose dans l'Evangile ».[11] Cette période sera soignée avec une attention particulière dans « un climat propice à un enracinement en profondeur dans la vie avec le Christ »,[12] ayant conscience que la novice porte en elle l'identi-

[11] *Idem,* 45.
[12] *Idem,* 50.

té humaine de notre temps marqué de fortes contradictions. Le noviciat sera par conséquent caractérisé par l'identité de la vie monastique comme une voie spécifique d'humanisation et de condition de disciple.

130. La novice apprend à répondre « oui » à l'appel du Seigneur en s'engageant personnellement dans le dynamisme de la croissance de sa vocation. « Cela relève de la responsabilité inaliénable de ceux qui sont appelés, qui doivent ouvrir leur propre vie à l'action de l'Esprit Saint ; cela suppose de suivre généreusement l'itinéraire de formation, en accueillant avec foi les médiations que proposent le Seigneur et l'Église. La formation devra, par conséquent, imprégner en profondeur la personne elle-même, de sorte que tout son comportement, dans les moments importants et dans les circonstances ordinaires de la vie, conduise à révéler son appartenance totale et joyeuse à Dieu ».[13]

Temps de la profession temporaire

131. Cette période, qui se déroule selon le droit universel et propre, ne sera pas inférieure

---

[13] JEAN PAUL II, Ex. Ap. post-synodale *Vita consecrata*, (25 mars 1996), 65.

à cinq ans. Comme c'est un temps qui précède immédiatement la profession définitive, il sera compris de façon à permettre à la professe de s'insérer complètement dans la vie de la communauté, pour qu'elle puisse en connaitre de plus près les qualités et les limites, pour arriver à la profession perpétuelle dans la pleine conscience de l'état de vie et de la communauté monastique qui l'accueille pour toujours.

132. La vie en communauté est le lieu important pour se connaitre soi-même et ses propres dons, et renforcer les relations fraternelles. Les années de profession temporaire, il ne faut pas l'oublier, sont des temps de formation, durant lesquels devront être garantis des cours réguliers, des entretiens avec les formatrices, des espaces personnels pour la réflexion et l'étude.[14]

133. Les professes sauront trouver un équilibre personnel entre l'étude et les obligations en communauté, la vie de prière et la générosité dans le travail, la solitude et les relations frater-

---

[14] Cf. Congregation pour les Instituts de vie consacree et les Societes de vie apostolique, *Directives sur la formation dans les instituts religieux Potissimum Institutioni*, Rome, (2 février 1990), 58.

nelles. L'équilibre sera important durant toute la vie.

134. Dans cette étape de la formation il ne faut pas permettre que les services en communauté dominent. Il sera donc prévu un programme spécifique dans le Projet de formation de la fédération.

Maisons de formation de la fédération.

135. Pour la pertinence de l'itinéraire de formation, spécialement du noviciat, il est important que des maisons de formation communes soient prévues pour aider les monastères qui ne peuvent garantir aux novices cette formation.[15] Il appartient à la Présidente et à son conseil l'éventuelle organisation d'une maison commune de formation à l'intérieur de la fédération, comme aussi le discernement sur les possibilités réelles des monastères d'assurer un déroulement adéquat du temps de noviciat. On laisse en tout cas la liberté aux monastères qui ne verraient pas la nécessité d'envoyer leurs novices dans une maison de formation commune,

[15] Cf. François, Const. Ap. *Vultum dei quaerere,* (29 juin 2016). Conclusion dispositive, art. 3 §7.

même d'une autre fédération que celle d'appartenance.

Equilibre et harmonie

136. « Pendant la formation initiale le temps réservé au travail ne saurait empiéter sur celui qui est normalement réservé aux études ou autres activités en rapport direct avec la formation ».[16] Cette attention doit guider l'organisation de la vie monastique.

137. Avant la profession perpétuelle la professe vivra un temps de préparation plus intense durant lequel elle sera soulagée de ses occupations habituelles. Les modalités de cette préparation seront prévues dans le Projet de formation des fédérations.

Domaines de la formation.

138. Ce parcours pluridisciplinaire – qui intègre les domaines des cultures humaines, bibliques, théologiques, liturgiques et ecclésiales –

[16] CONGREGATION POUR LES INSTITUTS DE VIE CONSACREE ET LES SOCIETES DE VIE APOSTOLIQUE, Directives sur la formation dans les instituts religieux *Potissimum Institutioni*, Rome, (2 février 1990), 79.

accompagne l'expérience concrète de vie de la personne, sans l'aliéner à un contexte culturel, selon un processus d'unification intérieure. Le domaine de la formation se place dans la perspective de faire l'unité entre toutes les notions qui « convergent vers la connaissance intime du mystère du Christ »[17] et sont confiées au discernement de l'autorité monastique à chaque niveau, qui, *servatis de jure servandis*, l'applique avec discrétion et discernement, en fonction de la grande tradition monastique occidentale.

A l'aspirantat et au postulat

139. *Introduction à la foi catholique.* Ouvrir le chemin du disciple du Christ pour introduire de façon profonde et précise dans le cœur du kérygme, c'est-à-dire dans la toujours nouvelle et fascinante annonce de l'Evangile de Jésus.[18] Il est nécessaire de guider pour une lecture correcte du *Catéchisme de l'Eglise Catholique* et de purifier et approfondir la sensibilité religieuse des candidates, les orientant vers la compréhension

[17] FRANÇOIS, Const. Ap. *Veritatis gaudium,* (29 janvier 2018), 70§2.

[18] Cf. FRANÇOIS, Ex. Ap. *Evangelii gaudium,* (24 novembre 2013), 11 ; 34ss.

des fondements de la foi, selon les enseignements du Magistère.

140. *Coordonner la connaissance anthropologique.* Il s'agit d'initier les candidates à une connaissance sérieuse de la personne humaine et de l'anthropologie, en mettant l'accent sur leur propre identité de femme en relation de réciprocité à l'homme, selon le style de vie propre d'une communauté féminine. L'accompagnement d'experts, surtout avec un objectif d'écoute et d'évaluation personnelle, pourra être utile pour un cheminement vers une maturité humaine.

141. *Introduction à l'Ecriture Sainte.* Parcourir un premier itinéraire afin de connaitre les éléments fondamentaux pour approcher la Parole de Dieu dans l'Ecriture : les genres littéraires, les bases exégétiques, la connaissance des références devraient permettre une contextualisation de base des textes.

142. *Introduction à la lectio divina.* Il s'agit d'un parcours qui ne s'identifie pas avec l'introduction à l'Ecriture Sainte, mais plutôt un processus qui accompagne toute la vie monastique étant une écoute priante et intérieure de la Parole de Dieu. Les candidates seront introduites à la lecture coursive de la Bible, initiées au genre littéraire à partir de leur propre culture, éduquées à la verbalisation personnelle et au partage de ce que génère en elles l'écoute de l'Ecriture. Cet apprentissage peut s'insérer aussi dans le temps consacré quotidiennement à la *lectio divina* personnelle.

143. *Introduction à l'Année liturgique.* On accompagnera les candidates sur le chemin mystagogique pour les faire pénétrer dans la célébration des mystères de l'année liturgique « à l'école de laquelle [la personne] revit progressivement les mystères de la vie du Fils de Dieu avec ses mêmes sentiments »,[19] à goûter la sagesse des rites, à comprendre le sens des textes, à être en harmonie avec les usages liturgiques.

144. *Profils de sainteté.* La présentation du profil spirituel des hommes et des femmes qui, en fidélité à l'Evangile, ont cherché Dieu dans la vie contemplative jusqu'à la sainteté et au martyr, est pour les candidates l'exemple d'un témoignage cohérent vécu dans la radicalité

[19] CONGREGATION POUR LES INSTITUTS DE VIE CONSACREE ET LES SOCIETES DE VIE APOSTOLIQUE, *Repartir du Christ. Un engagement renouvelé de la vie consacrée au troisième millénaire,* (19 mai 2002), 15.

de la sequela du Christ. Il s'agit en particulier d'approcher « des styles féminins de sainteté, indispensables pour refléter la sainteté de Dieu en ce monde ».[20]

145. *Introduction à la spiritualité du travail en communauté.* Il s'agit d'aider les candidates à atteindre une sensibilité au travail et au service afin qu'elles le vivent comme un événement humain inaliénable, source de subsistance, de partage et d'expression personnelle, « où plusieurs dimensions de la vie sont en jeu : la créativité, la projection vers l'avenir, le développement des capacités, la mise en pratique de valeurs, la communication avec les autres, une attitude d'adoration ».[21]

146. *Introduction à la culture humaine.* La vie quotidienne devra être tissée d'humanisme chrétien en syntonie avec la grande tradition monastique, à savoir une stratégie active pour comprendre le présent. Il n'est pas possible en fait, d'affronter les défis de la société contemporaine en dehors de l'horizon d'une connais-

---

[20] FRANÇOIS, Ex. Ap. *Gaudete et exultate*, (19 mars 2018), 12.

[21] FRANÇOIS, *Laudato si'*, Lettre Encyclique sur la sauvegarde de la maison commune, (2015), 127.

sance humaniste afin de placer la complexité des savoirs et des informations dans une vision plus large. Il semble donc nécessaire d'introduire à la culture classique, à travers la lecture des auteurs les plus significatifs, et à la philosophie pédagogique qui place l'identité de l'humain dans un processus de vie conduisant à la stature de l'humanité du Christ.

147. *Connaissance de l'Eglise particulière.* Les aspirantes et les postulantes qui arrivent au monastère quittent normalement leur terre et leur Eglise d'origine. Il est bon qu'elles commencent à connaitre l'Eglise particulière (histoire, tradition, personnes et réalités significatives du diocèse) dans lequel le monastère est placé.

Au noviciat

148. *Ecole de l'Evangile.* Le temps du noviciat est une période privilégiée pour entrer en intime relation avec le mystère du Seigneur Jésus. Persévérer dans l'approfondissement de la parole et des gestes du Christ, comme le sont les témoins dans l'Evangile. Cela aide à conformer le cœur des candidates avec les sentiments du Christ, à la façon évangélique.

149. *Introduction au Psautier.* Le pratique quotidienne de la Liturgie des Heures, basée sur les psaumes, exige que pendant le noviciat ce livre soit creusé comme une école intégrale de la prière chrétienne et monastique. Une lecture personnalisée des psaumes est décisive car elle peut être un apprentissage fécond du goût et du mystère de la prière : apprentissage qui éduque aux sentiments priants de l'homme et de la femme de tous les temps (joie, tristesse, louange, espérance, invectives, désespoir) comme un chemin d'approfondissement de sa propre intimité avec le Seigneur.

150. *Introduction à l'étude de la Règle et des Constitutions.* Le temps du noviciat qui prépare à la première profession est consacré à l'étude de la Règle et des Constitutions, parce que « dans la Règle et dans les constitutions, un itinéraire est tracé pour la *sequela Christi*, correspondant à un charisme propre authentifié par l'Église. Une plus grande prise en considération de la Règle ne manquera pas de donner aux personnes consacrées des critères sûrs pour chercher les formes appropriées d'un témoignage qui réponde aux exigences de l'époque sans s'éloigner de l'inspiration initiale ».[22]

151. *Initiation à l'histoire et à la tradition du monastère.* L'approfondissement de la tradition à partir des textes, aussi bien spirituels que législatifs, insère la novice dans une tradition vivante qui grandit et se transforme à l'intérieur de la communauté de vie avec l'apport des nouvelles générations. De fait « raconter sa propre histoire est indispensable pour garder vivante l'identité, comme aussi pour raffermir l'unité de la famille et le sens d'appartenance de ses membres ».

S'approcher des faits historiques de l'Ordre, de la fédération et, notamment des biographies des moines du monastère, signifie « parcourir à nouveau le chemin des générations passées […] pour prendre conscience de la manière dont le charisme a été vécu au long de l'histoire, quelle créativité il a libérée, quelles difficultés il a dû affronter et comment elles ont été surmontées.

[22] JEAN PAUL II, Ex. Ap. post-synodale *Vita consecrata,* (25 mars 1996), 37.

[…] Raconter son histoire, c'est rendre louange à Dieu et le remercier pour tous ses dons ».[23]

152. *Formation à la vie fraternelle.* Le Magistère de l'Eglise, la réflexion théologico-spirituelle et anthropologique ont repris les exigences de la vie commune dans la perspective de la fraternité, pour éduquer à un nouveau sens du style et des relations communautaires vécues entre femmes consacrées, conscientes de la tension féconde entre idéal et difficultés de la vie commune. La fraternité est motivée par la volonté d'adhérer au concret de l'existence entre sœurs, de la prise de conscience d'une reconnaissance spécifique de la féminité comme chemin de conversion vers une humanisation plus complète.

153. *Education musicale et artistique.* Il est nécessaire de préparer les candidates, non seulement à la musique et au chant – dans le contexte d'une formation liturgique – mais aussi à d'autres expressions ou disciplines artistiques, afin d'exprimer le potentiel créatif de chacune.

---

[23] FRANÇOIS, *Lettre Apostolique* à tous les consacrés à l'occasion de l'Année de la Vie consacrée, (21 novembre 2014), 1, 1.

154. *Introduction à la spiritualité écologique.* Le soin de la « maison commune »[24] est un héritage précieux de la tradition monastique, prémisse d'un parcours spécifique de formation à une spiritualité écologique : spiritualité qui « nous rend plus attentifs et plus respectueux de l'environnement » et « imprègne de saine sobriété notre relation au monde ».[25] Cette spiritualité s'exprime aussi dans la beauté des lieux communs qui accroissent le sens d'appartenance, la sensation d'enracinement, le sentiment « d'être à la maison » à l'intérieur du monastère et de le percevoir comme faisant partie d'un « nous » que nous construisons ensemble.[26]

Pendant le temps de la profession temporaire

155. *Livres de l'Écriture Sainte.* Pendant le temps de la profession temporaire on entreprend une lecture plus approfondie des livres du Canon des Écritures, à côté desquels il est bon d'aborder des thèmes bibliques plus spécifiques.

---

[24] FRANÇOIS, *Laudato si'*, Lettre encyclique sur la sauvegarde de la maison commune, (2015), 13.

[25] *Idem*, 126.

[26] *Idem*, 151.

156. *Introduction à la liturgie.* L'initiation à l'année liturgique est continuellement approfondie et élargie. Dans chaque culture il est nécessaire de partir du sens du mythe et du rite, avec des manifestations particulières, culturelles et religieuses, jusqu'à l'accomplissement chrétien. Ce chemin permet d'entrer pleinement dans le mystère de la liturgie et de l'adapter de façon créative aussi bien au niveau personnel que communautaire.

157. *Introduction à la lecture des Pères de l'Eglise.* Les professes de vœux temporaires sont accompagnées pour l'étude de la patristique. En plus d'introductions adéquates on donne un temps suffisant pour la lecture directe des textes, afin d'offrir aux moniales le goût et la méthode de la lecture des Pères de l'Eglise.

158. *Introduction à l'histoire de l'Eglise.* L'initiation au charisme particulier, déjà commencé pendant le noviciat, continue avec une introduction plus large à l'histoire de l'Eglise. De cette façon la moniale, non seulement comprend qu'elle fait partie d'une réalité monastique, mais elle se sent toujours plus insérée dans la complexe et passionnante histoire du Corps du Christ qui est l'Eglise. Il est nécessaire d'acquérir une sensibilité historique pour vivre

courageusement les défis culturels du présent
et de l'avenir.

159. *Introduction aux textes du Magistère et du Concile Vatican II.* La connaissance des textes et du contexte du Concile Vatican II est la base incontournable d'une compréhension adéquate du Magistère qui a précédé et qui a suivi. La communion ecclésiale exige une éducation à 'sentir avec l'Eglise'.

160. *Théologie de la vie consacrée et monastique.* La vie monastique est une expression particulière, mais pas supérieure, de la vie consacrée comme forme de fidélité à l'unique baptême. Cela exige un approfondissement sérieux de la théologie de la vie consacrée et monastique comme vie de consécration spéciale, personnelle et spécifique adhésion à la vie de disciple fondé sur le baptême. En particulier si l'on s'attarde sur le charisme contemplatif tout au long de l'histoire et sur les éléments qualifiants l'option pour la vie contemplative.

161. *Introduction aux Ecoles de spiritualité.* Il est nécessaire de faire connaitre aux professes temporaires la richesse multiforme de l'œuvre de l'Esprit dans la vie de tant d'hommes et de femmes qui se sont laissés gagner par l'Evangile. Il est donc fondamental de présenter les autres Ecoles de spiritualité pour relativiser et contextualiser la spiritualité charismatique et s'enrichir des différents styles de fidélité à la condition de disciple.

162. *Dialogue interreligieux monastique.* Dans l'Eglise, la vie monastique apparait comme un espace ouvert au dialogue, sensible à la confrontation avec les autres religions et les autres cultures, dans lesquelles ne manquent pas les expressions anthropologiques et religieuses de vie monastique. Un tel dialogue existentiel et expérientiel est nécessaire à la vie monastique et devient un service exercé au nom de l'Eglise. Cet engagement comporte des moments d'études et d'expériences, à travers la rencontre et la proximité.

163. *Principes fondamentaux du Droit canonique.* Le droit canonique, dans ses expressions universelles et particulières, est non seulement connu dans ses applications immédiates à la vie monastique, mais est présenté comme une expression incarnée et concrète des œuvres de miséricorde, but ultime, *salus animarum*, de la loi canonique.

164. *Culture humaniste.* On continue l'approfondissement des *auteurs*, de la littérature et de la philosophie pédagogique, ayant un intérêt particulier dans la culture contemporaine.

165. *Formation à la culture des médias.* Comme il a déjà été dit, aujourd'hui les communications et les relations passent par la connexion en réseaux. Il est nécessaire de former à la culture digitale et à l'utilisation des moyens de communication pour éviter des processus négatifs dans le domaine de la formation humaine et monastique. Pour cela il peut être souhaitable de donner une formation ciblée avec l'apport d'experts *ad hoc*.

166. *Domaines personnels ou de groupe.* Durant le temps de la profession temporaire d'autres domaines d'intérêt peuvent être identifiés et traités, au niveau personnel ou de petit groupes. Ouvrir les horizons par l'apprentissage des langues anciennes utilisées dans la Bible et dans la tradition patristique ; par la poésie, la musique, l'art des icônes et du modelage. Dans les siècles les monastères ont toujours été des centres de culture humaniste et chrétienne. Pour une telle vision de la communauté il faut opérer un discernement par rapport aux exigences communautaires et personnelles, avec une grande ouverture d'esprit et de cœur.

Formation comme désir et recherche

167. « Qui que tu sois donc qui hâtes ta marche vers la patrie céleste, accomplis d'abord, avec l'aide du Christ, cette faible ébauche de Règle que nous avons tracée ».[27] La relation avec Jésus Christ demande d'être alimentée par l'inquiétude de la recherche. Elle nous fait prendre conscience de la gratuité du don de la vocation et nous aide à justifier les motivations qui ont causé le choix initial et qui demeurent dans la persévérance : « Se laisser conquérir par le Christ signifie être toujours tendus vers ce qui se trouve devant moi, vers l'objectif du Christ » (cf. *Ph* 3,14).[28]

Ce mystère vécu au quotidien requiert une réponse personnelle : « La foi est la réponse à une Parole qui interpelle personnellement, à un Toi qui nous appelle par notre nom »[29] et « Il est vrai qu'en tant que réponse à une Parole qui

[27] Benoit, *Règle*, 73, 8.

[28] François, *Chemins créatifs enracinés dans l'Eglise. Homélie du pape François à l'occasion de la fête de saint Ignace de Loyola*, Rome, 31 juillet 2013 – Osservatore Romano, 1ᵉʳ août 2013.

[29] François, Lettre Encyclique *Lumen fidei*, (29 juin 2013), n° 8. Dans *AAS* 105 (2013), 555-596.

précède, ce sera toujours un acte de mémoire. Toutefois cette mémoire ne fixe pas dans le passé mais, étant mémoire d'une promesse, elle devient capable d'ouvrir vers l'avenir, d'éclairer les pas au long de la route ».[30] La recherche est la mémoire continue d'être appelée, ici et maintenant, à être une personnalité monastique unifiée, ouverte de façon harmonieuse à toutes les dimensions de la vie. Chaque moniale, dans un discernement responsable est comme un scribe instruit *qui devenu disciple du royaume des cieux est comparable à un maitre de maison qui tire de son trésor du neuf et du vieux* (*Mt* 13,52). Un chemin jamais affaibli comme l'épouse du Cantique : *Avez-vous vu celui que mon cœur aime ?* (*Ct* 3,3). Si nous cherchons l'Amour, nous le trouvons.

Maria, *summa contemplatrix*

168. Notre pensée se tourne vers Marie, femme ancrée dans le silence, vierge faite Eglise, temple dans lequel la Parole et la voix de l'Esprit résonnent comme une aura légère : « Il a été reconnu que de façon particulière, en elle et par elle, se sont réalisés les mystères de l'humanité sauvée, aussi lui a-t-il été donné de façon éminente

---

[30] *Idem,* n° 9.

et profonde de les contempler ».[31] De l'invitation
Réjouis-toi ô *toute Belle*, à la méditation des évènements qui révèlent le mystère dans le vécu des
jours ; du pèlerinage sur la voie douloureuse, à la
station debout au pied de la croix ; du profond silence du sabbat, à l'aube de la résurrection, Marie
est restée *summa contemplatrix, capax Dei*.

*Le 9 juin 2019 le Saint Père a approuvé le présent
document de la Congrégation pour les Instituts de vie
consacrée et les Sociétés de vie apostolique et en a autorisé la publication.*

Cité du Vatican, 15 août 2019.
*Solennité de l'Assomption de la Bienheureuse
Vierge Marie*

João Braz Card. de Aviz
Préfet

✠ José Rodríguez Carballo, O.F.M.
Archevêque Secrétaire

---

[31] S. DE FIORES, *Eloge de la contemplation. Marie modèle
de contemplation du mystère du Christ*, (Riveneuve ed.).

APPENDICES

Aspects concrets de la croissance humaine, chrétienne et charismatique

Les aspects de la croissance humaine et chrétienne se développent uniformément dans la vie pratique, même s'ils se distinguent théoriquement.

Parmi les aspects les plus importants de la croissance humaine et chrétienne, la formation fait attention à ce qui suit :

1. Aspects de la croissance humaine

a. *Concernant la personne*

- ✓ Connaissance et acceptation de soi, et sens de sa propre identité.
- ✓ Sentiment de liberté personnelle, initiative et responsabilité de sa vie.
- ✓ Capacité de discerner, de décider et de prendre un engagement
- ✓ Engagement dans la croissance physique, psychologique, morale, spirituelle et sociale, moralement et spirituellement.
- ✓ Equilibre émotif et affectif.
- ✓ Capacité de transcender et de dépasser l'égocentrisme.

✓ Conscience et acceptation du don de sa propre sexualité et désir de vivre la chasteté.
✓ Disponibilité pour le travail manuel.
✓ Ouverture et réceptivité de nouvelles valeurs, attitudes, perspectives et expériences.
✓ Capacité d'accepter, de vivre, de dialoguer et de travailler avec d'autres, même de cultures différentes.
✓ Sens de la justice et de la paix.
✓ Capacité d'être solidaires des pauvres.
✓ Honnêteté et loyauté.
✓ Joie et gaieté.

b. *Concernant la communauté*

✓ Capacité de développer des relations interpersonnelles positives avec les autres sœurs.
✓ Capacité de communiquer et d'affronter les conflits de façon positive.
✓ Esprit de collaboration.
✓ Ouverture et flexibilité.

c. *Concernant le monde*

✓ Capacité de lire les « signes des temps ».
✓ Solidarité avec les pauvres et les marginaux.

2. Aspects de la croissance chrétienne

a. *Concernant Dieu*

- ✓ Sens de la gratitude.
- ✓ Désir de conversion permanente.
- ✓ Vie de foi qui se traduit dans les paroles et les actions, espérance.
- ✓ Croissance dans l'amour inconditionnel.
- ✓ Recherche de la volonté de Dieu en toutes choses.
- ✓ Volonté de chercher et de faire la volonté de Dieu.
- ✓ Volonté de prier et de devenir une personne centrée sur Dieu.
- ✓ Relation personnelle avec Jésus-Christ, nourrie par la célébration régulière des sacrements et de la réflexion sur sa Parole, avec un engagement sérieux à le suivre.
- ✓ Connaissance de la foi catholique et amour de l'Eglise.
- ✓ Conscience de la présence de Dieu et de son action salvifique dans sa propre vie, dans l'Eglise et dans le monde.
- ✓ Volonté d'être évangélisée et d'évangéliser par le témoignage de vie et la parole, en tant que contemplative.
- ✓ Esprit prophétique, missionnaire et œcuménique.

b.   Concernant le rapport Eglise-monde

- ✓ Sens de la présence de Dieu dans le monde.
- ✓ Connaissance de la foi catholique.
- ✓ Amour de l'Eglise catholique.
- ✓ Esprit missionnaire et œcuménique.
- ✓ Recherche de la justice et de la paix.

3. Aspects de la croissance selon le charisme propre :

a.   Concernant Dieu

- ✓ Sequela du Christ humble et pauvre.
- ✓ Vie évangélique radicale.
- ✓ Vie de pénitence.
- ✓ Esprit d'oraison et de dévotion.

b.   Concernant la communauté/fraternité

- ✓ Amour de sa communauté.
- ✓ Amour et compréhension de chaque sœur.
- ✓ Service fraternel, particulièrement des sœurs aînées et des malades.
- ✓ Obéissance réciproque dans la charité.
- ✓ Dépassement de l'égoïsme, la volonté propre et les forces qui sont un obstacle à l'édification de la communauté/fraternité.
- ✓ Volonté d'accomplir le travail manuel.
- ✓ Participation active à la vie communautaire et fraternelle.

c. *Concernant le rapport Eglise-monde*

- ✓ Amour de l'Eglise.
- ✓ Obéissance charitable aux pasteurs.
- ✓ Evangélisation et mission.
- ✓ Esprit prophétique.
- ✓ Option pour les pauvres.
- ✓ Sens de la réconciliation et du pardon.
- ✓ Respect de la nature et de l'environne-ment.

SOMMAIRE